龙影长存

中国龙纹饰研究专辑

北京市文物交流中心 编

北京市文物交流中心藏品研究丛书

北京市文物交流中心 编

文物出版社

图书在版编目（CIP）数据

龙影长存 : 中国龙纹饰研究专辑 / 北京市文物交流
中心编. -- 北京 : 文物出版社, 2025. 7. -- （北京市
文物交流中心藏品研究丛书）. -- ISBN 978-7-5010
-8791-4

Ⅰ. K879.04

中国国家版本馆CIP数据核字第2025VM5148号

龙影长存：中国龙纹饰研究专辑

LONG YING CHANGCUN：ZHONGGUO
LONG WENSHI YANJIU ZHUANJI

编　　者　北京市文物交流中心

责任编辑　陈博洋

责任印制　张　丽

出版发行　文物出版社
社　　址　北京市东城区东直门内北小街2号楼
邮　　编　100007
网　　址　http://www.wenwu.com
邮　　箱　wenwu1957@126.com
经　　销　新华书店
制版印刷　天津裕同印刷有限公司
开　　本　889mm×1194mm　1/16
印　　张　10
版　　次　2025年7月第1版
印　　次　2025年7月第1次印刷
书　　号　ISBN 978-7-5010-8791-4
定　　价　260.00元

编委会

龙影长存

中国龙纹饰研究专辑

序　言

在历史的长河中，龙，这一神秘而威严的动物，不仅是中华民族的象征，更是艺术创作的灵感源泉。自古以来，龙纹饰以其独特的艺术魅力和深邃的文化内涵，列于中华文明的瑰宝之林，成为连接古今、跨越时空的艺术桥梁。

龙纹饰作为中国文物艺术的瑰宝，其艺术价值不言而喻。从商周的青铜器到秦汉的玉雕，从唐宋的瓷器到明清的织锦，龙纹饰以其多变的形态、丰富的色彩和精湛的工艺，展现了古代工匠的智慧与才华。每一幅龙纹图案，都是一份艺术的创造，一次心灵的抒发。它们或矫健有力，或柔美灵动，或威严庄重，或神秘莫测，共同构成了华夏艺术宝库中的璀璨明珠。

为此，北京市文物交流中心专门组建中国龙纹饰研究课题组，遴选带有龙纹饰的系列文物藏品，旨在激励业务人员对这些文物进行系统的梳理与总结，从而探讨龙纹饰的文化内涵与艺术价值，揭示龙纹饰在不同时代的表现形式、演变历程。通过对这些研究成果的汇编，我们期望能够推动更广泛的学习与学术交流，以帮助读者更深刻地理解龙纹饰在历史长河中的演变过程及其在艺术与文化中的重要地位。

在《龙影长存：中国龙纹饰研究专辑》的编纂过程中，课题组成员们进行了大量的文献调研，梳理了国内外关于龙纹饰的研究现状。通过对比分析，我们发现该论题缺乏系统性的整理和深入的跨学科研究。这也为我们提供了切入点，我们决定从历史、艺术、文化等多个角度，对中国龙纹饰进行全面而深入的探讨。考虑到中国龙纹饰在不同时期、不同地域的表现形式和文化内涵的差异，我们决定本书主要涵盖以下几个研究方向：古代龙纹饰的起源与发展、龙纹饰在不同历史时期的演变、龙纹饰在不同艺术形式中的表现、龙纹饰的文化象征意义及其在现代社会的传承与创新。

在研究过程中，我们深刻地感受到龙纹饰所蕴含的深厚文化底蕴和民族精神。它不仅代表了古代帝王对权力和吉祥的向往，更体现了中华民族对和谐、团结和力量的追求。龙纹饰的每一次变化，都反映了当时社会的审美风尚和文化氛围变迁，成为我们了解古代艺术和文化的重要窗口。

此外，本书还汇集了众多学者专家的真知灼见，他们的慷慨赐教和鼎力相助，使本书得以更加完善和丰富。在此郑重感谢首都博物馆龙霄飞和武俊玲两位老师。也要感谢北京市文物交流中心保管研究部各位同仁的大力协助。

　　最后，我们希望《龙影长存：中国龙纹饰研究专辑》的出版，能够唤起更多人对龙纹饰艺术的关注和热爱，推动龙纹饰研究的深入开展。同时，我们也期待本书能够为华夏文明的传承和弘扬贡献一份力量，让龙这一神圣的形象继续照亮我们前行的道路，引领我们共同探寻华夏艺术的无限魅力。

　　让我们携手共进，以龙纹饰为纽带，绘就一幅幅古韵华章，共同书写中华民族的艺术新篇章！

张鹏

2024 年 10 月 10 日

目　录

杂 项

研究论文

龙影长存 ▼ 中国龙纹饰研究专辑

龙影长存 ❯ 中国龙纹饰研究专辑

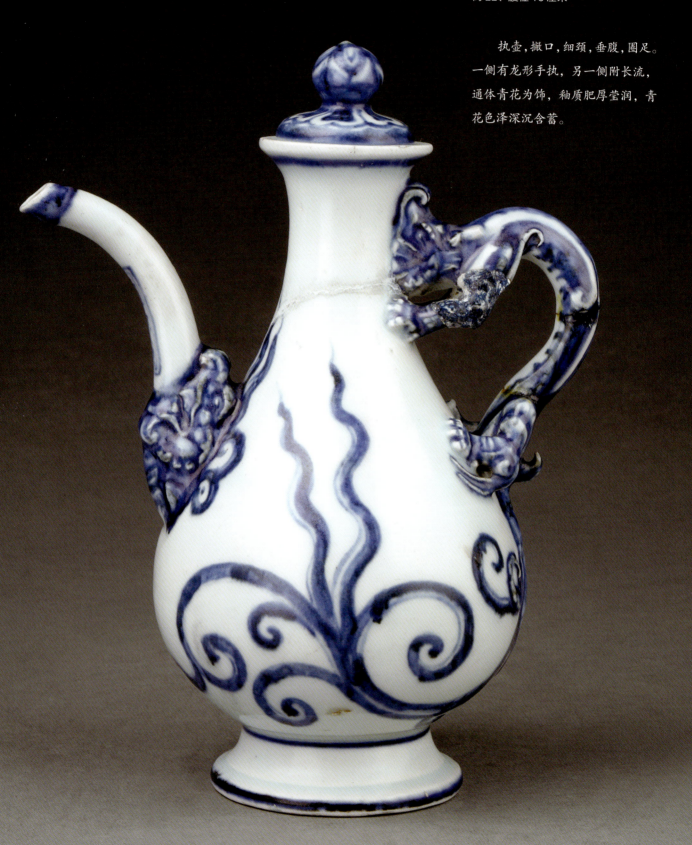

青花龙柄执壶

明宣德
高 22、腹径 16 厘米

执壶，撇口，细颈，垂腹，圈足。一侧有龙形手执，另一侧附长流，通体青花为饰，釉质肥厚莹润，青花色泽深沉含蓄。

青花龙纹高足碗

明嘉靖
高 10.5、口径 13.2 厘米

　　高足碗，又称靶碗。元代南北方瓷窑已普遍烧制高足碗。明代初年继续承烧，高足碗的造型较元代有所变化，碗身加高，足变矮，此后历代均有烧制。其品种除青花外，还有白釉、红釉、青釉等。足墙内书"大明嘉靖年制"六字楷书款。

青花缠枝莲纹龙耳尊

清乾隆
高 47、口径 17.3、腹径 36 厘米

　　龙耳尊，圆口，粗颈，垂肩，弧腹，圈足，肩部两侧对称装饰变形龙耳。器身外壁以青花满绘缠枝莲纹，线条生动流畅。口沿处绘回纹，颈部绘"寿"字纹和如意纹，近足处绘变体莲瓣纹，底足处绘卷草纹。此器造型规整庄重，纹饰清新淡雅。底书"大清乾隆年制"六字篆书款。

青花螭龙云纹锥把瓶

清乾隆
高 54.5、口径 6.2、腹径 27 厘米

　　锥把瓶是形如锥把的一种瓶式。清代康熙年间始创，流行于康熙、雍正、乾隆三朝。

　　此件锥把瓶，小口，细长颈，鼓腹，圈足。通体青花绘螭龙云纹，螭龙身体盘桓向上，穿行云间。整器器形别致优美，青花淡雅，纹饰用笔细腻流畅，描绘自然，生动传神。

青花缠枝莲纹龙纹盘

清乾隆
口径 40 厘米

　　器身整体以青花绘制缠枝莲纹，在盘底中心绘制正面龙纹，盘子内外均以青花描绘龙穿缠枝莲纹，线条自然流畅，形体硕大。器底部以青花书"大清乾隆年制"六字篆书款。

龙影长存 ❤ 中国龙纹饰研究专辑

玉器

玉龙佩

宋

长 7.5、宽 5 厘米

　　玉佩和玉牌源起于礼器。初期繁缛华丽，突出华贵威严，魏晋以后，男子佩玉的方式逐渐简单化。

玉双螭龙佩

元

长8.5、宽6.5厘米

　　玉佩常配以吉祥如意的图案，寓意长寿多福、家和兴旺、安宁平和、辟邪消灾。

白玉龙形砚滴

明
长 8、宽 5.4、高 2.8 厘米

　　砚滴，又称水滴、书滴，有贮存砚水供磨墨之用，是为了便于控制水量而发明的研墨用具，最晚出现于东晋。材质除金属、玉石、玛瑙外，大多是陶瓷的，古雅别致，多姿多彩，做工精美，题材多样，寓意美好。

白玉龙形砚滴

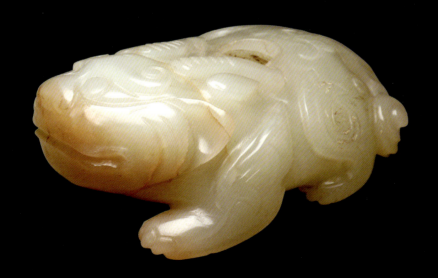

白玉雕龙纹磬

清乾隆
长18、宽10厘米

　　玉磬双面雕刻云纹，磬首雕刻游鱼。

　　磬是一种古代汉族石制打击乐器和礼器，其
形最早为片状，后来有多种变化，质地也从原始
的石制演变出玉制、铜制的。至唐宋以后，新乐
兴起，磬仅在祭祀仪式的雅乐中使用。随后慢慢
变成文人雅士置于桌前案头的玩器和摆设。

玉龙首梳

清乾隆
长13、宽4.5厘米

　　玉梳是用来梳头发的一种玉制工具，也被女性插在头发上作为装饰。起初与宗教、祭祀有关，随着时代演变，逐渐更倾向于日常使用和装饰物。古人有用头发寄托相思之情的习惯，所以梳子也成了男女之间的定情信物，有托付终身、白头偕老之意。另外，古代有女子出嫁前家人为其梳头的习俗，梳子也寄托了家人的美好祝愿。

比"。随着制作技艺不断提高和审美的不断变化，
带钩纹饰也愈发精美。

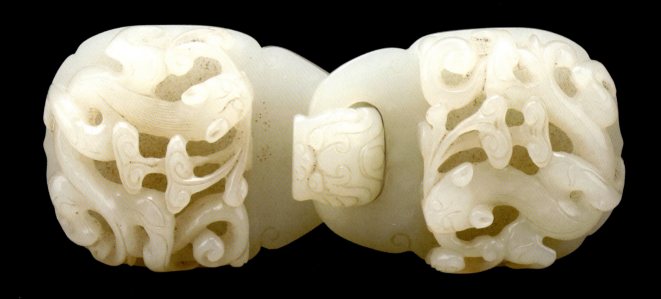

白玉螭虎带扣

清中期
长11.5、宽5厘米

玉制带钩始于战国时期，是用在腰带上的饰
品，起扣拢腰带的作用，故名带钩，古时又名"师
比"。随着制作技艺的不断提高和审美的不断变化，
带钩纹饰也愈发精美。

玉龙形摆件

清
长16、宽4.5、高10厘米

龙象征权力和威严。此件采用圆雕技法，玉龙昂首回望，作戏球状。底部有浪花纹，细节生动，刻画细腻。

玉龙纽印章

清
长2.5、宽2.5、高4厘米

印文"晴窗检点白云篇"，出自唐代诗人杜甫诗《赠献纳使起居田舍人澄》："晓漏追趋青琐闼，晴窗检点白云篇。"
玉印章，用玉石雕刻而成的印章，因玉料的不同也可细分为很多种。

龙影长存 ❯ 中国龙纹饰研究专辑

杂项

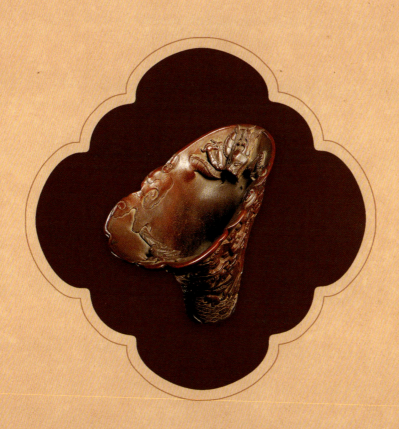

铜云龙纹镜

元
直径 14 厘米

　　圆形，圆纽，主纹为龙纹，龙身环绕于圆纽
周围，龙身四周饰以云纹，龙张牙舞爪，作跃起状，
整体纹饰厚重古朴，动感十足。

剔红雕海水江崖云龙纹腰圆盒

明嘉靖
长 15、宽 7、高 7 厘米

通体满髹朱漆，采用剔红工艺，主题纹饰为盖顶和盖壁的两组海水游龙纹，器身两侧为海水江崖纹饰。

犀角雕百子图杯

明
高 12、口径 14、底径 6 厘米

此件为吴大澂旧藏，杯用犀角雕成，撇口，敛足，平底，雕山壁为口，口内浮雕一条威龙从云中穿出，外壁雕芭蕉、树、山水、人物，整体取螺旋式构图，六十个童子嬉戏于石磴中、山峰上、溪桥上，有的戏狮，有的奏乐，有的采荷，有的游泳，有的做游戏，整幅作品构图巧妙、生动，极富动感。人物眉目刻绘清晰，神态各异，极具童趣。

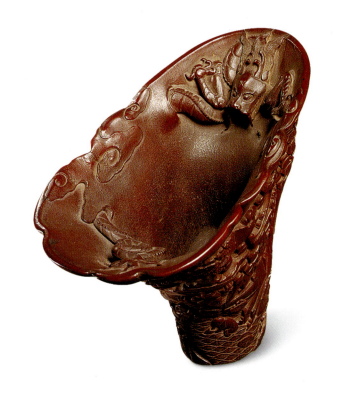

铜蟠螭纹瓿

清乾隆
高 19.5、最大腹径 12 厘米

    圆口，口沿平折，短颈，广肩突出，鼓腹，器身布满纠缠繁复的蟠螭纹，纹饰清晰、连续不断，整体器形朴实稳重。

    瓿是酒器，类似小瓮。蟠螭纹是青铜器纹饰的一种，螭是传说中没有角的龙，作张口、卷尾、盘曲状，该纹饰常以二方连续或四方连续排列出现。

紫檀雕海水云龙纹如意

清乾隆
长 45、云头宽 10.5、柄尾宽 4.9 厘米

　　紫檀雕海水云龙纹如意，以整根紫檀木材为
原料，经过多次精密雕刻和打磨而成。在如意柄
和如意头部采用高浮雕的手法，雕制云龙纹。这
件如意不仅具有很高的艺术价值，还因其稀有性
和精湛的工艺而成为珍贵的收藏品。

文竹贴黄鱼龙变幻纹鼎

清乾隆
长 22.5、宽 15、高 29 厘米

　　贴黄又称"竹黄""翻黄""反黄""文竹"等。一般民间贴黄器的造型、雕饰都比较简单，但清宫所藏宫廷用品则做工精湛、雕饰华美，远非民间作品可比。

　　此鼎虽然形体不大，但整体造型庄重，小器大样，腹部饰以鱼龙变幻纹，肩部以回纹、弦纹装饰。造型仿自商代铜鼎，做工考究，属于宫廷陈设用器。

龙影长存
▼
中国龙纹饰研究专辑

研究论文

最能表现中国精神的纹样

中国传统龙纹饰

张　鹏　董　琪

一、引言

中国龙，作为中华民族的象征之一，承载着深厚的文化意义和丰富的象征意义。在中国古代神话传说中，龙是一种具有神秘色彩的神兽，被视为祥瑞之兆，寓意着风调雨顺、五谷丰登。同时，在中国传统文化中，龙占据了极为重要的地位，成为最具影响力的文化符号之一。从多个维度来看，中国龙的文化意义和象征意义丰富多彩，深入人心。

首先，在政治层面，龙代表着权威和尊严。在中国封建社会，龙被视为皇帝的象征，寓意着皇权的神圣和至高无上。皇帝身穿龙袍，端坐龙椅，以此来展示自己的威严和地位。此外，宫殿、庙宇等建筑中也常以龙纹装饰，强调皇权的合法性和神秘性。

其次，在民间信仰中，龙代表着吉祥、喜庆和庇佑。人们相信龙能带来好运，驱邪避凶，因此在节日庆典、红白喜事等场合，都会有舞龙、划龙舟等表演活动，人们祈求龙的庇佑，祝愿生活美满、事业顺利。

再次，在地理环境中，龙寓意着山川河流的生机与活力。在中国传统山水画中，龙往往与壮丽的山川、蜿蜒的河流相结合，象征着大自然的神奇力量和生命力。龙作为水神，还能调节水源，寓意着风调雨顺、国泰民安。

此外，在民族精神方面，龙代表着中华民族的自强不息和奋发向前。在中国传统文化中，龙被誉为"腾飞之兽"，寓意着奋发向前、不断进取。这种精神特质深入人心，激励着中华民族在历史长河中不断追求进步，创造辉煌。

最后，在艺术创作中，龙也是创作题材和灵感的丰富来源。中国古代的玉器、瓷器、绘画、雕刻等艺术作品，都以龙为题材创作出许多传世之作。龙的形象在这些作品中千变万化，既具有神秘色彩，又充满艺术魅力。

总之，中国龙作为中华民族的象征，具有丰富的文化意义和象征性。从政治、民间信仰、地理环境、民族精神到艺术创作等多个维度，龙的形象深入人心，影响着中华民族的精神文明和传统文化。在新的时代背景下，弘扬龙的精神、传承龙的文化，对于增强民族自信心、凝聚力和向心力，具有重要意义。

笔者在历年的工作中不断接触和运用龙纹饰，借此次机会进行系统研究和梳理。本文力求挖掘中国传统龙纹饰的文化内涵、历史演变以及在现代社会的传承与发展。我们对其深入探索，不仅可以产生较高的学术价值，更对传统文化保护、传承与发展有着重大意义。

（一）中国龙的文化意义和象征性

在中国古代，龙被视为君主权力的象征，代表着至高无上的权威和尊贵。特别是宋代以来，皇帝的服饰、床铺、座椅等，皆用龙纹装饰，以彰显皇权的神圣不可侵犯。作为"帝王之兽"，龙体现了皇帝统治全国的绝对权力。

龙在中国文化中，亦是繁荣、富贵和吉祥的象征。龙能呼风唤雨，象征着丰收和国泰民安。在农耕文化中，龙被认为是带来雨水的神灵，对农业生产至关重要。因此，龙成了人们祈求风调雨顺、五谷丰登的吉祥物。

在古代文学和艺术作品中，龙常常被描绘成勇猛、强悍的形象，能够驱邪避凶，使人民免受灾难。这种形象象征着无穷的勇气和力量，激励着人们在面对困难和挑战时，展现出勇气和坚韧不拔的精神。

此外，龙还被视为智慧和长寿的象征。在中国传统文化中，龙被认为是聪明过人、知识渊博的动物。因其生有角、鳞、爪等，被视为具有不死之身，象征着长寿和不朽。

随着龙的形象不断演变和应用，龙逐渐成为中华民族精神的象征。它代表着中华民族坚韧不拔、自强不息的民族性格，以及对美好生活的追求和向往。龙的形象深深植根于中国人的心中，成为中华民族的文化记忆和精神象征。

综上所述，中国龙的文化意义和象征性丰富多样。它不仅是中国古代皇权的象征，也象征着繁荣、吉祥、勇气、智慧和长寿，更是中华民族精神的象征。中国龙的形象贯穿于中国的历史、文化、艺术和日常生活之中，是中华文化宝库中的瑰宝，代代相传，永不衰败。

（二）龙纹饰在中国传统文化中的地位

在中国传统文化中，龙的形象与纹饰贯穿于古代社会的各个层面，从皇家徽章到民间装饰，从祭祀用品到日常器物，龙纹饰无处不在，成为中国文化的显著符号。

龙纹饰与中国皇权制度紧密相连。特别是自宋以来，龙被视为帝王的象征，其纹饰的使用在很大程度上受到等级制度的约束。在封建社会，龙纹饰的使用是一种特权，唯有皇帝与皇族方能使用带有龙纹饰的服饰与器物，如龙袍、龙床等，皆彰显了龙纹饰在中国传统文化中的尊贵地位。

龙纹饰在中国传统艺术中具有极高的审美价值。艺术家们依据龙的各种形象特征，创造出多元化的龙纹饰。这些图案的造型充满力量感且不失灵动，色彩丰富又和谐统一，展现了古代艺术家卓越的艺术创造力和审美追求。

龙纹饰的象征意义深远，不仅象征着权力、尊贵和神圣，还寓意着吉祥、智慧和勇气。在中国传统文化中，龙纹饰常与云、水、山等自然元素相结合，象征着天人合一的宇宙观，反映古代人民对自然的敬畏和对和谐社会的向往。

龙纹饰在中国传统社会中具有多重社会功能。它不仅是一种艺术表现，也是一种社会符号，用以体现社会等级与身份的区别。此外，龙纹饰还带有宗教色彩与神秘色彩，常被用于祭祀和庆典，以祈求福祉降临和国泰民安。

作为中国传统文化的重要组成部分，龙纹饰的传承与发展备受重视。无论是在古代文物修复，还是在现代文化创意产品设计中，龙纹饰均焕发出新的生命力，成为连接古今、传承中国文化的纽带。

总之，龙纹饰在中国传统文化中的地位既体现在其广泛的应用和深远的象征意义上，也体现在其对中华民族精神的塑造和文化认同的强化上。龙纹饰堪称中国人民共同的文化记忆和民族骄傲。

二、中国龙的历史渊源

（一）龙的起源与演变

龙的起源及其形象与概念的塑造，是一个交织着多元文化因素的复杂历史过程。普遍观点认为，龙的原型或许源于古代人类对自然界中蛇、鱼、鳄等动物的敬仰与想象。在新石器时代的一些考古发现中，已有类似龙形的图腾，它们通常与对水和雨的崇拜相关，体现了古人对自然现象的解读与祈愿。

随着历史的发展，龙的形象逐步丰富且趋于固定。商至西周，龙的形象开始呈现统一特征，如蛇身、鹿角、鱼鳞、鹰爪等，这些特征的融合使龙成为一种汇聚多种动物特质的神秘动物。

春秋战国时期，龙的形象及象征意义进一步丰富，不仅与水有关，还联系到天空与皇权。龙能腾云驾雾，象征着帝王的威仪与力量。秦汉时期，龙开始被确立为皇权象征，龙纹成为皇帝专用的纹饰，龙袍、龙床等皇家用品皆饰有龙。此时期龙的形象更为规范化，成为彰显皇帝神圣地位的重要符号。

唐宋时期，龙的艺术形象步入巅峰。龙的形象更加丰富多样，艺术化程度更高，诸如螭龙、应龙、腾龙等各式龙形象层出不穷。这些龙不仅出现在皇家建筑与器物上，还广泛见于诗文、绘画及工艺品，成为表现文人士大夫精神追求的象征。

明清时期，龙的形象从皇权象征走向民间。龙的形象与故事广为传播，成为民间节庆、戏剧、绘画等文化活动的重要元素。舞龙、龙灯等民间习俗，使龙的形象深入人心。

现代社会中，龙的形象与意义持续演变。一方面，龙的形象作为中华民族象征被广泛应用，如国家徽章、体育赛事等公共领域。另一方面，伴随文化全球化，龙的形象在世界范围内传播，成为代表中国文化的重要符号。

中国龙起源与演变的历程，映射出中国社会的变迁与文化发展。从原始图腾到皇权象征，再到现代文化符号，龙始终是中华文化不可或缺的部分，承载着中华民族的历史记忆与文化精神。

（二）龙在古代神话与传说中的形象

在中国古代神话传说中，龙是一种神秘且具有强大力量的动物。其形象通常被塑造为能够调控风雨、驾云乘雾的生物。龙的神秘形象主要具有以下特征。

1. 形态奇特

龙的形象由多种动物特征融合而成，如蛇身、鹿角、鱼鳞、鹰爪、牛耳、虎掌以及长须。这种独特组合使得龙既显威武，又充满神秘感。

2. 神通广大

龙被视为水域神灵，掌管雨水和洪涝。在农业社会中，龙被认为是农业生产的保护神。

3. 具有象征意义

龙寓意吉祥、权力和尊贵，是力量和智慧的化身。同时，龙也是中华民族的图腾和民族精神的象征。

古代传说中，龙的形象丰富多样，涌现出众多与龙相关的故事。这些故事在民间广泛流传，成为中国文化的重要组成部分。以下是一些脍炙人口的与龙相关的传说。

（1）夸父追日

夸父是古代神话中的巨人，他在追逐太阳时口渴，试图喝干黄河和渭河的水。即便如此，仍无法解渴，最终死于北方。传说中，夸父的尸体化作了一条巨龙。

（2）精卫填海

炎帝的女儿精卫化身为鸟，从陆地拾取石块和树枝投入东海，以填平海面，报复曾让它溺水的东海。故事中的龙与精卫对立，象征着自然力量。

（3）女娲补天

女娲是中国古代神话中的创世女神，她熔五色石补苍天，斩巨龟腿立四极，消除洪水，拯救人类。在这一传说中，龙常作为女娲的助手，助她消除灾难。

（4）大禹治水

大禹是中国古代水利英雄，他在治理洪水时得到龙的帮助。传说中，龙为禹引导河流，助他成功治理洪水。

在古代神话传说中，龙与帝王关系密切。许多帝王自称龙的后裔或拥有龙的血统，以显示自己的神圣权威。如传说中的黄帝，被认为是龙的后裔，他能驾龙升天。秦始皇也自称龙之子，以彰显尊贵地位。

总之，在中国古代神话与传说中，龙的形象丰富多样，既是自然现象的制造者，又是权力和尊贵的象征，更是民族精神的体现。这些龙的形象深植于中华民族的文化土壤，影响着人民的思想和行为，成为中华文化不可或缺的一部分。

（三）龙的种类与象征意义

在中国悠久的历史长河中，龙这一神秘而崇高的形象深深地烙印在人们的信仰和文化中。古代文献和艺术作品对龙的形象进行了细腻而丰富的描绘，各种龙的名称和特性也被详细地记录下来。

应龙，作为一种具有呼风唤雨能力的神兽，被古人视为掌管天气的神祇。它的名字"应龙"寓意着顺应天时而生，故而它代表着顺应自然规律的智者。应龙的出现，往往预示着风调雨顺、国泰民安。

螭龙，是一种无角的龙，常用于古代建筑装饰，如屋脊、瓦当等。螭龙被视为龙的一个品种，性格温和，象征着祥瑞和福气。它的形象被广泛应用于古代建筑，以祈求建筑物的安全。

黄龙，因其皮肤呈黄色而得名，象征着尊贵与吉祥。传说在黄帝时代曾现世，体现着国家的繁荣与和平。黄龙被视为民族的守护神，它的出现，预示着国家的昌盛和民族的和睦。

腾蛇，龙的一种，形态似蛇，却能翱翔天际。它与龙共舞，象征变化与升华，代表着生命的不断超越和进步。

腾龙，代表着力量与威仪，它的腾云驾雾、升腾天际的形象，彰显了龙的雄伟壮观。腾龙的出现，往往预示着力量的崛起和威严的展示。

海龙，是在水中生活的龙，掌管海洋与江河，象征水的力量与富饶。海龙被视为海洋的守护神，它的形象代表着江河湖海的繁荣。

宝光龙，是周身闪耀宝石光华的龙，象征着财富与吉祥。它的出现，预示着财富的积累和吉祥的到来。

龙在中国文化中，不仅是一种神秘的形象，更有着丰富的象征意义。它象征着权力与帝王，吉祥与繁荣，智慧与力量，水与雨，变化与升华，文化与民族。龙的形象深入人心，成为中华民族的精神象征和民族文化的重要载体。

龙作为中华民族的图腾，代表着中国的传统文化和精神风貌。龙的精神，代表着对美好生活的向往，对国家繁荣的祝愿，对民族振兴的期盼。龙的形象，既是古代文化的传承，也是现代文明的象征。在中国的历史和文化中，龙永远占据着崇高的地位，发挥着深远的影响。

三、龙纹饰的种类与特点

（一）龙纹饰在不同朝代的演变

中国龙纹饰作为一种独特的文化符号，其形象与风格在历史长河中，随着朝代的变化而呈现出丰富的演变过程。在商周时期，龙纹饰已开始出现在青铜器、玉器等工艺品上。这一时期的龙纹饰形象较为简约，主要以线条勾勒的几何形状为主，具有较强的图腾意味。商代龙纹饰多呈现扁平化的螭龙形象，线条流畅，形态趋于抽象。及至西周，龙纹饰开始呈现更多变化，形象逐渐丰富，但仍保持一定的几何风格和图腾特征。

秦汉时期，随着铸造技术与雕刻技艺的不断提升，龙纹饰形象变得更加细腻且生动。汉代龙纹饰在形象上已具备较高的艺术水准，龙的姿态更加多样化，如腾飞、盘旋等，展现出龙的神秘与威严。此外，汉代龙纹饰开始融入更多的元素，如云纹、水波纹等，表现龙的呼风唤雨之能。

唐宋时期，中国龙纹饰艺术步入高峰。唐代龙纹饰形象雄壮、生动，线条流畅，具有强烈的动感和表现力。唐代龙纹饰被广泛应用于建筑、织物、瓷器等领域，成为展现帝王威严和国家繁荣的重要符号。宋代龙纹饰则更注重细节描绘，形象精致、优雅，线条细腻，体现出宋代文人的审美特点。

明清时期，龙纹饰形象更加规范化，尤其是清代，纹饰设计受到严格的等级制度的约束。明清龙纹饰形象威严、庄重，形态、姿势和纹饰细节均有明确规定，如皇帝专用的五爪龙等，彰显了龙纹饰与皇权象征之间的紧密联系。此外，明清龙纹饰在技艺方面也取得了卓越成就，相关的雕刻、绘画、织造均具有很高的艺术价值。

现代社会，随着时代变迁和多元文化的发展，龙纹饰形象及应用呈现出新的特点。现代龙纹饰在传承传统的基础上，融入更多现代设计元素和创新理念，广泛应用于各类现代产品和公共艺术之中，体现了传统文化与现代审美的结合。

中国龙纹饰的演变揭示了中国文化的发展轨迹和时代变迁。从最初的图腾符号到后来的皇权象征，再到现代的文化创新，龙纹饰既是中国传统艺术的重要组成部分，也是中华民族精神和文化认同的载体。

（二）龙纹饰的基本形态与风格特点

1. 基本形态

中国龙纹饰，这一具有深厚文化底蕴的图案，是在历史长河中逐渐演变而来的。它集多种动物特征于一身，形成了独特的形象和鲜明的个性。接下来，我们将从头部、躯干、四肢和尾部四个方面，详细解析中国龙纹饰的基本形态及其特征。

龙头宽大而扁平，给人一种庄严雄伟的感觉。在前额部分是形似鹿角的龙角。龙角寓意着权威和力量。龙的眼睛大而圆，瞳孔深邃，仿佛能洞察世间一切。鼻梁高挺，两侧有龙须，使龙看起来更加威武。值得一提的是，龙口常张开，露出锋利的牙齿，展现出强烈的震撼力。

龙的躯干长而蜿蜒，形似蛇或鱼，通常以波浪状的线条表现。这种线条象征着龙在水中或空中行动的姿态，展示出龙的强大生命力。身体上覆盖着鱼鳞状的龙鳞，龙鳞形状和排列方式各异，是龙纹饰的重要装饰元素。它们闪烁着光芒，为龙增添了几分神秘色彩。

龙的四肢强壮有力，前肢称为"腾"，后肢称为"蹲"。肢端有爪，通常为三爪或四爪，而皇帝专用的龙纹饰上的龙则为五爪，被称为"五爪金龙"。龙爪象征着龙的控制力和征服力，展示了龙的雄心壮志。

龙的尾部长而灵活，尾端常常卷曲，有时还装饰有类似燕尾的图案。这种卷曲的尾巴和燕尾状的装饰，使得龙纹饰更具动感和艺术表现力。同时，它也象征着龙的自由精神和不屈不挠的意志。

总的来说，中国龙纹饰在长期的文化演变中，形成了独特的基本形态。龙头、躯干、四肢和尾部的每一个细节，都蕴含着深厚的文化内涵和象征意义。作为中国传统文化的瑰宝，龙纹饰见证了中国历史的变迁，也成为中华民族精神的象征。在今天，龙纹饰依然具有极高的艺术价值和审美意义，深受人们喜爱。

2. 风格特点

中国龙纹饰的风格随着历史时期的更迭而有所变化，但其核心特点却一直得以传承和发扬。以下是对中国龙纹饰特点的详细阐述。

（1）线条流畅

龙纹饰的线条优美自然，犹如天地间的自然景观。无论是龙身的蜿蜒曲线，还是鳞片的精细刻画，都显示出龙纹饰创作者极高的艺术造诣和审美追求。这种线条的流畅性不仅体现在龙的躯干上，还表现在龙身的各种附属物上，如龙翼、龙爪等，都给人一种柔美又富有力量的感觉。

（2）形态夸张

为了表现龙的神秘和威严，龙纹饰的形态常常采用夸张的手法。例如龙头的角和须、身体的鳞片等，都被赋予了夸张和装饰性强的特征。这种夸张的形态使得龙纹饰更具视觉冲击力，更能凸显龙的神秘和威严。

（3）动态表现

龙纹饰常常呈现出动态的姿态，如腾云驾雾、飞天遁地等。这些动态的表现增强了龙纹饰的生动性，使龙仿佛要从画面中跃然而出。这种动态的表现不仅丰富了龙的形象，也使龙更具生命力。

（4）图案融合

龙纹饰往往与云纹、水波纹、火焰纹等其他自然象征性图案结合。这种结合使得龙纹饰具有更丰富的寓意，如龙腾云驾雾，寓意着祥瑞、吉祥；龙在水波中游动，寓意着丰收、富饶。这种象征性的融合，使龙纹饰具有了更深的文化内涵。

（5）色彩丰富

在彩色的龙纹饰中，色彩运用丰富多样，常见的有金、绿、蓝、红等色彩。这些色彩的运用既符合龙的神圣和尊贵地位，又增添了艺术的表现力。

（6）文化传承

中国龙纹饰的基本形态和风格是中国传统文化的重要组成部分。无论是在古代的陶瓷、青铜器、建筑装饰中，还是在现代的设计艺术中，龙纹饰都以其独特的魅力和深远的意义，持续影响着中国文化的发展。

总的来说，中国龙纹饰以其独特的艺术风格和文化内涵，成为中华民族文化的瑰宝。它不仅体现了中国古代艺术家的高超技艺，更是中华民族精神的象征。随着历史的变迁，龙纹饰的风格或许会发生变化，但其承载的文化内涵和民族精神却永远不会消失。

（三）龙纹饰的制作材质与工艺

中国龙纹饰作为一种举足轻重的文化符号与艺术表现形式，在其漫长的发展历程中，涉及金属、陶瓷、织物、木材、玉石等多种材质，展现了中国古代工匠卓越的技艺与创新精神。

1. 金属

金属，尤其是青铜与金银，是龙纹饰的主要制作材料。商周时期，青铜器上的龙纹饰已日臻成熟，广泛应用于祭祀等各种仪式。唐宋时期，金银加工技术的提升使金银龙纹饰成为皇家与贵族的尊贵象征。金属龙纹饰的制作工艺包括铸造、锻打、镶嵌、雕刻等，赋予龙纹饰立体感与细节美。

2. 陶瓷

陶瓷是中国独具特色的工艺品，龙纹饰在陶瓷器上的应用极为广泛。尤其在宋、元、明、清等朝代，龙纹饰瓷器成为宫廷御用之品。陶瓷龙纹饰的制作工艺多样，如釉下彩、釉上彩、青花、粉彩等，通过不同的绘制与烧制技术，呈现出独特的风格与色彩，彰显中国陶瓷艺术的魅力。

3. 织物

织物上的龙纹饰是中国古代服饰文化的重要组成部分，尤其是在皇家龙袍与官服方面。这些织物多以丝绸为原料，通过刺绣、织锦、缂丝等工艺，精美地呈现龙纹饰。龙纹绣饰色彩丰富、图案生动，技艺高超，展现了古代织绣艺术的精湛水平。

4. 木材

木材在中国传统建筑与家具中有着广泛应用，龙纹饰亦常见于木雕。木雕龙纹饰的制作工艺包括圆雕、浮雕、透雕等，工匠们精细雕刻，将龙的形象生动地呈现于梁架、门窗、家具等木制品上。木雕龙纹饰既展现了龙的威严与神秘，又体现了木雕艺术的高超技艺。

5. 玉石

玉石是中国古代极为珍贵的材料，龙纹饰在玉器制作上的应用历史悠久。玉雕龙纹饰制作工艺精细，通过雕刻、磨光等手段，将龙的形象展现在玉石上，使得玉石成为精美的装饰品或护身符。玉雕龙纹饰既展现了玉石的温润质感，又寄托了人们对美好生活的祈愿与对龙图腾的崇敬。

龙纹饰的材质与工艺反映出中国古代工艺美术的发展高度与深厚文化底蕴。无论哪种材质的龙纹饰，均以其独特的艺术魅力与文化象征意义，成为中国文化的重要标志。这些传统材质与工艺，不仅为后世留下了宝贵的文化遗产，亦持续激发着现代设计与艺术创作的灵感。

四、龙纹饰的文化内涵

（一）龙纹饰与皇权的关系

中国龙纹饰与皇权之间的关联历史悠久。长期以来，龙象征着帝王权力，这种象征关系有着深刻的文化与政治内涵。

在中国古代，龙被极度崇尚，被尊为至高无上的神灵。其形象所代表的帝王的权威与尊贵，更是无以复加。龙纹饰，作为权力的象征，被巧妙地运用于皇家的各个领域，无论是庄严的皇家服饰，还是雄伟的建筑，以及贵重的器物，都可以见到龙纹饰的华丽身影。

皇帝，作为封建社会的最高统治者，被称为"真龙天子"，这不仅仅是一个称号，更是对皇帝神圣身份的肯定。皇帝以龙的化身自居，这种自我定位不仅强调了皇帝与天地之间的特殊联系，更是对统治合法性的进一步彰显。它向世人传递了一个明确的信息：皇帝受命于天，承天之旨来治理天下。

龙纹饰的使用在封建社会中受到了严格的限制。这是因为龙纹饰不仅仅是一种装饰，更是一种权力和地位的象征。古代礼仪制度对不同等级的贵族所使用的龙纹饰有着明确的规定。五爪龙，因其爪数较多，象征着皇帝的至高无上，是皇帝的专用纹饰。而四爪龙、三爪龙则分别适用于皇族和贵族。这种细致的等级划分，不仅体现了封建社会的等级秩序，也反映了当时的权力结构。

在皇家文化中，龙纹饰的应用可谓无处不在。皇帝的龙袍、龙床、龙椅等日常用品上都有龙纹饰。这些纹饰中的龙或盘旋，或翱翔，每一个细节都经过精心设计，无论是颜色搭配还是线条勾勒，都展现出皇家的奢华与尊贵。此外，龙纹饰还被广泛应用于宫殿的建筑装饰、御用器物，以及园林景观之中。它们或是作为瓦当的图案，或是镶嵌于柱子之上，处处都展现出皇家的威严与尊贵。

龙纹饰在皇家文化中的广泛使用，也深刻地影响了民众对于皇权的认知。在民间传说和文学作品中，龙常常与帝王紧密相连。例如，传说中的帝王降生时总伴有祥瑞之兆，如凤凰鸣叫、神龙现身等。这些故事不仅丰富了民间文化，也强化了民众对于龙纹饰与皇权之间关系的认识，它使民众更加敬畏皇权，进一步巩固了皇帝的权威。

龙纹饰与皇权政治之间也存在一种微妙的互动关系。历史上，皇帝常常通过改变龙纹饰的样式、颜色、使用场合等，来传递特定的政治信息。例如，在朝代更迭之际，皇帝可能会采用具有特定寓意的龙纹饰来宣示自己的正统地位。在国家遭遇危机之时，皇帝会选择更具威严的龙纹饰来展示自己的威严与统治力。此外，不同的朝代、不同的皇帝大多有自己独特的龙纹饰风格，这些风格不仅仅是艺术的表现，更是皇权政治的一种象征性工具。它们传递着皇帝的政治理念和统治风格，使龙纹饰不仅仅是装饰品，更是历史的见证者。

总的来说，中国龙纹饰与皇权的关系是源远流长的。龙纹饰不仅是一种艺术表现形式，更是皇权象征的重要载体。在封建社会中，它起到了强化皇权、维护等级秩序、传递政治信息等多重作用。这一深刻的文化象征和政治意义使得龙纹饰成为研究中国古代皇权文化和艺术史不可或缺的重要切入点。

（二）龙纹饰在民间信仰中的作用

在中国民间信仰中，龙纹饰具有举足轻重的地位，它不仅是艺术装饰的重要元素，更是蕴含深厚民俗文化与信仰象征的代表。

1. 龙纹饰作为吉祥物

在民间信仰中，龙被视为吉祥的象征，龙纹饰因而常被用于祈求福运与驱邪。春节等传统节日期间，民间常挂设带有龙纹饰的物品，以期新的一年风调雨顺、五谷丰收。龙纹饰亦常见于婚庆、生育等喜庆场合，寓意生命的延续和家族的昌盛。

2. 龙纹饰与农业信仰

龙在传统文化中与水关系密切，被视为掌管雨水的神祇。因此，在农业社会中，龙纹饰与农业紧密相关。农民们常借助龙纹饰来祈求降雨。在有些地区，舞龙等民间活动盛行，人们借此祈求龙王降雨。

3. 龙纹饰与民间艺术

龙纹饰在民间艺术领域应用广泛，如剪纸、泥塑、绣品、年画等。这些民间艺术品上的龙纹饰，成为民众表达对美好生活向往的载体。多样的艺术形式、鲜明的色彩、生动的形象，使民间艺术中的龙纹饰深受民众喜爱。

4. 龙纹饰与民间建筑

在中国传统建筑纹饰中，龙纹饰占据重要地位。庙宇、牌坊、桥梁等民间建筑物上常雕刻有龙纹饰，这些纹饰不仅具有美学价值，还象征着神圣与庇护，被认为是驱邪避灾、保护建筑与人们安全的象征。

5. 龙纹饰与民间传统活动

龙纹饰在民间传统活动中具有重要意义。各地举办舞龙、龙灯等民间活动，尤其在春节、端午节等传统节日，舞龙成为庆祝活动的重要部分。通过这些活动，龙纹饰成为团结社区成员、传承文化、增强团结的重要纽带。

在中国民间信仰中，龙纹饰不仅是艺术表现，更是民众生活中不可或缺的文化元素。它承载着人们对自然的敬畏、对生活的祈愿和对未来的憧憬。龙纹饰的广泛应用与深远影响，展示了中国民间信仰的独特性和中国文化的丰富多彩。

（三）龙纹饰与中华民族精神的联系

1. 龙纹饰的象征意义

龙纹饰作为一种艺术形式，传达了许多象征意义，彰显了中华民族的独特文化风貌。

2. 团结统一的精神内涵

龙纹饰中的龙，往往呈现出腾飞、翻腾的动态形象，有着强调团结与和谐的精神内涵。这种精神内涵在现代得以传承，象征着国人团结一心，为实现民族复兴而努力奋斗。

3. 自强不息的精神品质

龙在中国文化中具有奋发向前、不断进取的精神品质。龙纹饰通过展示龙腾飞、破浪前行的形象，传递出中华民族自强不息的精神力量。这种精神品质在现代社会也得以体现，激励着国人勇往直前，不断追求进步。

4. 厚德载物的道德观念

龙在中国传统文化中象征着道德伦理。龙纹饰通过表现龙的威严、仁慈、正直等品质，传递出中华民族厚德载物的道德观念。这种道德观念在现代中国得以传承，引导着国人树立正确的价值观。

5. 传统与现代的有机融合

随着时代的发展，龙纹饰从皇家御用图案逐渐走向民间，成为中国文化的重要组成部分。在现代设计中，龙纹饰不断融入新的元素，焕发出新的生机。传统与现代的融合，使得龙纹饰在传承中华民族精神的同时，展现出时代风貌。

龙纹饰与中华民族精神密切相关，既体现了传统文化的底蕴，又彰显了现代的风采。在新时代背景下，我们要继续弘扬龙的精神，将中华优秀传统文化融入现代生活，为实现中华民族伟大复兴不懈努力。

五、龙纹饰的现代传承与创新

（一）龙纹饰在现代设计中的应用

随着时代的进步，中国龙纹饰这一传统文化元素在现代设计领域焕发出新的活力，被广泛应用。设计师们将龙纹饰与现代审美观念和设计理念相结合，使其融入各类现代产品与空间，赋予其新的生命力和时代感。

1. 时尚服饰设计

在现代服饰设计中，龙纹饰常作为图案元素，通过现代印花、绣花等技术呈现在服装上。设计师们将传统龙纹饰与现代流行元素相融合，打造出兼具民族特色和现代审美的时尚服饰，如将龙纹饰应用于T恤、连衣裙、夹克等服装，展现独特东方魅力。

2. 珠宝首饰设计

珠宝首饰设计领域亦广泛应用龙纹饰。设计师们利用现代金属加工技术和宝石镶嵌工艺，将龙纹饰巧妙融入珠宝设计，创作出兼具传统风格和现代审美的高端珠宝。

3. 家居产品设计

龙纹饰在家居产品设计中同样大放异彩。设计师们将龙纹饰图案应用于家具、灯具、餐具、装饰画等家居产品，运用现代设计手法，使传统龙纹饰在现代家居空间中焕发新活力。此类家居产品不仅增添居室艺术氛围，亦成为体现主人品位和文化修养的装饰品。

4. 建筑与室内设计

龙纹饰作为装饰元素，在建筑与室内设计领域得到广泛应用。设计师们将龙纹饰用于酒店、办公楼、商场等公共空间的装饰，通过现代材料和手段如玻璃雕刻、金属打孔、LED 灯光等，使龙纹饰在建筑空间中展现出独特魅力，既传承传统文化精髓，又满足现代审美需求。

5. 文化创意产品设计

龙纹饰在文化创意产品设计中亦占有一席之地。设计师们将龙纹饰应用于文具、玩具、数码产品等创意商品，赋予其独特文化特色和艺术价值。创意设计使龙纹饰成为连接传统与现代、东方与西方的桥梁，提升了文化产品市场竞争力。

总之，在现代设计中，中国龙纹饰不仅是一种视觉符号，更是一种文化传承的载体。设计师们通过对龙纹饰的创新运用，寻找传统文化与现代设计的结合点，使龙纹饰在现代社会焕发新光彩，为传统文化传承与发展提供新可能性。

（二）传统龙纹饰文物的保护与传承措施

对作为中华文明重要组成部分的龙纹饰进行保护与传承，是文化遗产工作的重要任务。对此，我们提出了以下具体的保护与传承措施。

1. 文化遗产登记保护

对现存的龙纹饰文物进行全面普查和登记，建立完整档案，对具有重大历史、艺术和科学价值的龙纹饰文物进行分类保护。通过立法明确其受法律保护的地位，严禁非法交易和破坏行为。

2. 修复与保养

对受损的龙纹饰文物进行科学修复和定期保养，恢复其原貌。修复工作应由专业人员负责，采用传统工艺与现代科技相结合的方式，确保修复过程的科学性和文物的完整性。

3. 传统工艺传承

鼓励并支持龙纹饰传统工艺的传承，如雕刻、绘画、织造等。设立非物质文化遗产代表性项目，选拔和培养技艺传承人，通过师徒传承、工作坊培训等形式，保持传统工艺的活力。

4. 教育与普及

在学校和社区开展中国传统龙纹饰的教育和普及活动，将其纳入相关课程和讲座，提升公众对龙纹饰文化价值的认识和保护意识。利用博物馆、展览、文化节等平台，展示龙纹饰的历史和艺术，增强公众的文化自豪感。

5. 融合现代设计

鼓励设计师在现代产品设计中融入传统龙纹饰元素，创造具有传统特色且符合现代审美的设计作品。通过市场推广，使传统龙纹饰在现代生活中得到新的应用和发展。

6. 国际交流合作

通过国际展览、文化交流等途径，将中国传统龙纹饰推向世界，展现中国文化的独特魅力。与国际组织合作，借鉴国外文化遗产保护的先进经验，提升龙纹饰宣传交流工作的水平。

7. 政策支持与资金投入

政府应制定相关政策，为传统龙纹饰的保护与传承提供支持，包括资金投入、税收优惠、市场开发等。通过政策引导，激发社会各界对传统龙纹饰保护工作的关注和参与。

中国传统龙纹饰的保护与传承是一项系统工程，需政府、社会及个人共同努力。通过实施上述措施，我们可以有效保护和传承这一珍贵文化遗产，使其在现代社会焕发新生，为后世留下宝贵文化财富。

（三）龙纹饰的现代创新与发展趋势

龙纹饰，这一充满神秘与威严的图案，作为中国文化的重要标志，长久以来都是民族精神的象征。在历史的长河中，它不仅见证了古人的智慧与技艺，更承载着中国文化传承与发展的使命。如今，随着时代的推进，龙纹饰也紧随时代步伐，不断地进行着创新与演变。

1. 设计风格的演进

传统的龙纹饰在设计风格上往往显得单一且缺乏变化。然而，随着现代社会审美观念的转变，设计师们开始对这一古老纹饰进行大胆的创新。他们巧妙地融合了东西方的设计理念，使得龙纹饰呈现出更为时尚、多样化的风格。这种转变不仅满足了现代人对于审美的多元化需求，同时也为传统纹饰注入了新的生命力。

2. 制作材料的革新

传统的龙纹饰多采用金、银、铜等金属材料制作，这些材料不仅成本高昂，而且制作工艺复杂。然而，随着新材料的不断涌现，龙纹饰的制作材料也在经历着革新。例如，合成材料、树脂、陶瓷等新型材料的运用，不仅大大降低了制作成本，而且简化了制作工艺。这种变革使得龙纹饰更加普及，走进了更多寻常百姓家。

3. 应用领域的拓展

在古代，龙纹饰主要应用于服饰、家居、建筑等领域。随着现代社会的不断发展，其应用领域也在逐步扩大。在艺术品、文创产品、数字媒体等多个领域中，我们都能看到龙纹饰的身影。这种跨界的合作与应用不仅提升了龙纹饰的价值与地位，更为其注入了新的生命力与创意。

4. 文化内涵的传承与创新

龙纹饰作为中国传统文化的重要组成部分，其背后蕴含的文化内涵是极为丰富的。在现代社会中，为了更好地传承这一文化精髓，设计师们开始在保留传统文化内涵的基础上，对龙纹饰进行创新设计。他们将传统与现代元素相结合，创作出既具有时代特色又不失传统韵味的新图案。这种创新不仅是对传统文化的致敬，更是对未来的探索与展望。

5. 国际化趋势

在全球化的背景下，中国传统文化的影响力日益扩大。作为中国文化的代表之一，龙纹饰开始走向国际，为世界所熟知和喜爱。为了更好地适应国际市场需求，设计师们开始尝试将龙纹饰与其他文化元素相结合，创造出具有国际特色的作品。这种跨文化的交流不仅提升了龙纹饰的国际影响力，更有助于中国传统文化的传播与弘扬。

龙纹饰作为中国传统文化的重要标志，经历了数千年的演变与创新。它见证了时代的变迁，也承载了中国文化的精髓。在新的时代背景下，我们应当继续传承这一文化瑰宝，并为其注入新的生命力与创意。只有这样，才能让龙纹饰在新的时代焕发出更加璀璨的光辉。值得一提的是，甲辰龙年新春前，"中国龙"的英文翻译从"Dragon"到"Loong"的一词之变，更加彰显出我们对优秀传统文化的尊重和自豪。

六、结论

（一）龙纹饰最能表现中国精神

中国精神包括以爱国主义为核心的民族精神和以改革创新为核心的时代精神。其中，民族精神是一个民族延续发展的内在动力，是其区别于其他民族的根本标识。时代精神则是每一个时代的产物，代表着一个时代的精神风貌与价值取向。两者具有共通之处，相互影响、相互作用，民族精神是时代精神的发展根基，时代精神指引民族精神发展方向。中国精神的内涵具有延续性、民族性、创新性、普及性的特点。

而龙纹饰同样具有延续性、民族性、创新性、普及性的特点，与中国精神内涵高度吻合。

1.延续性

延续性是指龙纹饰五千年来从未中断，它是最早产生的中华优秀传统文化符号，一直伴随了中华民族五千年。笔者曾长期找寻哪种文化符号最能代表中国精神。汉字、长城、兵马俑、印章、大鼓、京剧、武术，这些虽都具有强烈的中国元素，但从延续性上都不及龙纹饰。

2.民族性

民族性的基础是文化认同，包括语言、文字、历史等。龙的形态万千，变幻莫测，力量无穷，这些特点与中华民族坚韧不拔、勇往直前的民族精神相契合。龙因此成为中华民族精神的体现，代表着民族的精神力量。

3.创新性

龙纹饰不是固定的、静止的，而是发展的、动态的，有着不断创新的特点。创新精神，是进取、自强、包容的集中体现。只有积极进取、自强不息、包容万物，才能有所创造、不断前进，形成全面开放新格局，推动全面深化改革，实现新突破。龙始终是中华文明"多元一体"的象征，是中华民族巨大的凝聚力、生命力和无穷创造力的集中体现。

4.普及性

有中华儿女的地方就有龙，每一个华人都知道龙。不仅仅是华人，几乎整个地球的人们都知道龙是中国的，中国龙的形象早已深入人心。

（二）对龙纹饰未来发展的展望

今天我们走进新时代，龙文化在各个领域里有了更深的发展。舞蹈《龙舞》无疑是一颗璀璨的明珠，将中国传统文化的精髓与现代舞蹈艺术完美融合，向观众们展示了中国古代龙文化的博大精深。杨丽萍用她独特的艺术语言，通过这支舞蹈，向观众们传达了对中国文化的热爱和敬意。除了在舞蹈本身上的创新与突破，《龙舞》在舞台设计和服装上也颇具匠心。舞台设计采用传统的中国画风格，以墨色为主调，既展现了龙的神秘与高贵，又与现代舞台技术相结合，营造出极具视觉冲击力的舞台效果。而舞者的服装则以龙的形象为主要设计元素，采用传统的刺绣工艺和现代的设计理念相结合的方式制作而成，既展现了龙的华丽与尊贵，又彰显了现代审美观念的独特之处。《龙舞》是一部集传统与现代、神秘与力量、柔美与阳刚于一体的舞蹈作品。它不仅展现了杨丽萍作为一位艺术家对传统文化的敬仰和挖掘，更展现了她对现代艺术的探索和创新。这部作品将永远成为中国舞蹈史上的经典之作，激励着更多的艺术家去探寻传统与现代之间的融合之道，为中国文化的传承和发展贡献自己的力量。

奶茶品牌"霸王茶姬"的甲辰龙年新品火爆出圈，新包装取形于"中华第一龙"——红山文化玉龙，取意于"十二生肖会友为龙"，在细节上运用除龙以外的11种生肖图形，共同组成"红山玉龙"的纹样，既代表着龙的精神有"集万家之所长，而长于万家"之意，也寓意这杯汇聚亿万茶友生肖的好茶，传递着辞旧岁迎新春的美好祝福。

未来龙纹饰可应用的领域有望进一步扩展。

（三）论文研究的局限性与进一步研究的方向

囿于篇幅，还有很多内容在本文不便展现。笔者的能力和认知有限，表述也不尽完美。我们下一步将对各民族对龙文化的崇拜和应用、新时代龙纹饰在多行业的应用等方面进行考察和思考。

（作者单位：北京市文物交流中心）

参考文献

[1] 沈从文：《中国古代服饰研究》，上海：上海书店出版社，2011年。

[2] 故宫博物院编《故宫博物院藏品大系·玉器编》，北京：紫禁城出版社、合肥：安徽美术出版社，2011年。

[3] 庞进：《中国龙文化》，重庆：重庆出版社，2007年。

[4] 施爱东：《中国龙的发明：近现代中国形象的域外变迁》，北京：九州出版社，2024年。

浅析商周青铜器龙纹的形态与文化内涵

刘燕萍

中国古代青铜器的铸造肇始于原始社会后期。夏代青铜铸造技术和使用范围逐步育成。商周青铜器铸造达到鼎盛，从而孕育了辉煌的青铜文明，青铜文明成为中国古代灿烂文明的重要组成部分。商至西周的龙纹上承史前时期，下启春秋战国。在这一青铜艺术发展的黄金时期（下文所称的"商周"即特指商至西周时期），龙纹随着青铜器的繁荣发展而不断变化，各式各样的龙纹逐渐成为青铜器主体纹饰，呈现出多姿多彩的丰富样貌。

李学勤先生曾指出"纹饰是青铜器的语言"。古人把变幻无穷的龙纹铸刻在青铜器上，表达了他们对世界的认知和态度，以及对自然界神灵的崇拜。象征雨神和水神的龙成为古人崇拜的神祇；青铜礼器上精美的龙纹雕饰，彰显了器物主人的高贵身份，有着明其贵贱、别其尊卑的象征意义，同时体现了贵族统治阶级对自己"龙属性质"的标榜，以此显示他们的权力是上天所赋予的，神圣不可侵犯。商周时期，青铜器作为祭祀先祖和天地的重要媒介，与敬先人、通天地有着密切联系，祭祀活动使用的青铜礼器以及雕刻其上的龙纹，传达着"王"以礼治天下、以礼敬祖先的统治思想。

龙文化是中国传统文化的重要组成部分,商周时期是龙文化发展的重要时期,正是在这一时期,古代先民对龙的崇拜文化得到广泛传播，并逐渐渗入社会生活各方面，龙被视作神物祥瑞，被先人崇拜，龙更成为统治阶级掌握王权的象征。

本文以商周青铜器龙纹为主要研究对象，分析龙纹起源对商周青铜器龙纹应用的影响，以及商周青铜器龙纹形态分类和龙纹所揭示的文化内涵等。

一、龙纹起源对商周青铜器龙纹应用的影响

商周青铜器纹饰种类繁多，其中动物纹饰出现最早，也是最常见、表现形式最丰富的纹饰。有些动物纹饰是实际生活中存在的动物形象，如鸟纹、蚕纹、蝉纹、象纹、鱼纹、龟纹等，有些动物纹饰是人们想象虚构的动物形象，如龙纹。龙纹上承史前时期，下启春秋战国，是集合了各种动物形象而形成的纹饰，在商周青铜器纹饰中占有重要位置。

龙为何物？龙是神话故事中虚构的动物，被人们奉为神秘的瑞兽。中国古代先民认为，龙能

上天入海，又能呼风唤雨，其威力巨大无比。成书于春秋战国时期的《管子·水地》记载："龙生于水，被五色而游，故神。欲小则化如蚕蠋，欲大则藏于天下，欲上则凌于云气，欲下则入于深泉，变化无日，上下无时，谓之神。"[①]汉代许慎在《说文解字》中说："龙，鳞虫之长，能幽能明，能细能巨，能短能长，春分而登天，秋分而潜渊。"[②]寥寥数语，说明龙具有能大能小、能长能短、变化莫测的神性特征，这些描述都与商周青铜器上变化无穷的龙纹特征相符。

古人面对无法预知的自然界，虽然有征服自然的努力，但是也产生了束手无措的恐惧，他们希望自己拥有像龙一样翔天潜水的超能力，应对来自自然界的压力。于是龙融合了各种动物的形象、特性，被古人奉为拥有超能力的神明圣物，并成为古代先民部族的图腾标志。

中国最早提出"龙图腾"概念的是近代著名学者闻一多先生，闻一多先生认为龙的形象来自蛇。闻一多先生在所著名篇《伏羲考》中讲道："它（龙）是一种图腾，并且是只存在于图腾中而不存在于生物界中的一种虚拟的生物，因为它是由许多不同的图腾糅合成的一种综合体。因部落的兼并而产生的混合的图腾……龙图腾，不拘它局部地像马也好，像狗也好，或像鱼、像鸟、像鹿都好，它的主干部分和基本形态都是蛇。这表明在当初那众图腾单位林立的时代，内中以蛇图腾为最强大，众图腾的合并与融化，便是这蛇图腾兼并与同化了许多弱小单位的结果。"[③]闻一多先生认为龙的基调是蛇："所谓龙者只是一种大蛇。这种蛇的名字便叫作'龙'。后来有一个以这种大蛇为图腾的团族兼并了吸收了许多别的形形色色的图腾团族，大蛇这才接受了兽类的四脚、马的头、鬣的尾、鹿的角、狗的爪、鱼的鳞和须……于是便成为我们现在所知道的龙了。"闻一多先生指出："蛇与龙二名从来就纠缠不清，……也不必将它们分清。甚至正因其分不清，这问题对于我们，才特别有意义。……唯其龙蛇分不清，我们才更能确定龙是古代图腾社会的遗迹，因为我们知道，图腾的合并，是图腾式的社会发展必循的途径。"[④]

马承源先生认为："龙是古代许多复杂的神话题材之一。传说中的所谓龙，实际上就是神化了的蛇，或者是以蛇为蓝本再装点以其他动物特征的复合体。"[⑤]

龙形象如何？中国龙的形象在史前时期就已经出现，很多地方都有龙的遗迹发现。1982年，辽宁省考古工作者在辽宁省阜新市阜新蒙古族自治县沙拉镇查海村，发现了距今8000年的新石器早期重要文化遗址——查海遗址，在随后的发掘中发现了一条长19.7、宽1.8～2米的石堆龙，这是迄今为止中国新石器时代考古发现年代最早、形体最大的龙形象，被称为"中华第一龙"（图1）。1987年，在河南濮阳西水坡遗址，考古工作者发现了距今约6500年，由蚌壳组成的摆塑龙的形象，摆塑龙位于第45号墓主人右侧，双眼大睁，长吻吐舌，长尾利爪，曲颈屈身，昂首向前，极为威武（图2）。此外，内蒙古自治区赤峰地区以及辽宁省西部等地区发现的红山文化遗址，出土了极具特色的玉雕龙，玉雕龙整体形象如"C"形，首尾相连作团状卷曲，龙首突出，口微张，吻部平齐，背部上下对穿双孔，以流畅双阴线表现出眼睛形状，整体形象丰满生动（图3）。山西襄汾陶寺遗址出土了一件龙山文化晚期的陶盘，距今约4000年，盘内底部描画有一条彩绘的蟠龙纹，龙身如蛇形蟠卷，身上绘有鳞纹，长脸大嘴，眼睛小而圆，头部有两只角状物，口中衔有一枝似穗状植物，其形象丰满粗壮（图4）。2002年，在河南洛阳偃师二里头遗址出土了夏绿松石龙形器，绿松石龙形器长64.5厘米，中部最宽处约4厘米，由2000余片各种形状的绿松石片组合而成（图5）。这一发现证明，早在夏代二里头的先民就把龙的形象作为图腾来崇拜。在四川省广汉市城西鸭子河畔三星堆遗址出土的各类龙形器物数量众多，如青铜龙

图 1 石堆龙，新石器时代早期，辽宁阜新查海遗址出土

图 2 摆塑龙，河南濮阳西水坡遗址出土

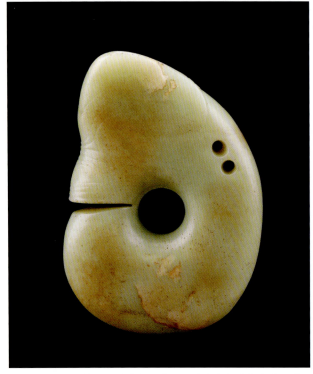

图 3 玉猪龙，新石器时代红山文化，北京市文物交流中心藏　图 4 陶盘，龙山文化晚期，山西襄汾陶寺遗址出土

图 5　绿松石龙形器，二里头文化，河南偃师二里头遗址出土

柱形器等（图 6），其龙的形象在同时期遗址中更接近于现代。

这些在不同区域发现的不同时期龙形象的遗存，都是古代先民根据想象创造出来的。可见，龙的形象很早就被古人创造，在不同地域表现形式不同，这与史前文明起源的多元化相一致。同时龙的形象已经深深扎根于古人的精神世界，成为神明圣物。龙成为当时社会性和自然性相结合的产物，这些龙的形象都与商周青铜器上龙纹所表达的意义具有一致性。

二、商周青铜器龙纹形态分类

青铜器上的龙纹，最早见于二里冈文化时期，商周时期青铜器上的龙纹表现形态已经十分丰富。关于青铜器上龙纹形态的分类有几种观点。第一种是延续宋代以来的传统，将青铜器上的龙纹分为夔纹、虬纹、蟠龙纹、夔龙纹和饕餮纹等；第二种是以龙的躯体特征为标准分类，分为直体、曲体、卷体三类；第三种是容庚先生在《殷商青铜器通论》中讲到的龙纹分类，即主要有龙纹、两尾龙纹、爬行龙纹、蛟龙纹四类；

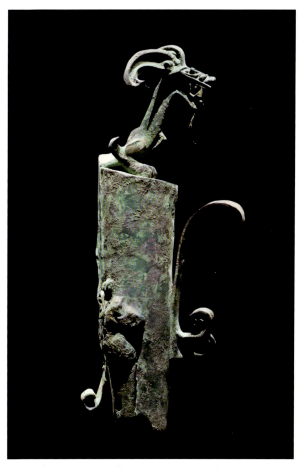

图 6　青铜龙柱形器，商，四川广汉三星堆遗址出土

第四种是马承源先生提到的分类方式，将龙纹分为爬行龙纹、卷体龙纹、交体龙纹、双体龙纹、两头龙纹五类；第五种是朱凤瀚先生在《古代中国青铜器》中对龙纹的划分，将龙纹分为夔纹、顾龙纹、蟠龙纹、小团龙纹、交龙纹、曲龙纹、少数形式特殊者等七类。

本文综合以上的龙纹分类方法，按照龙的形态，将龙纹分为爬行龙纹、卷体龙纹、团龙纹、交体龙纹、双体龙纹、两头龙纹六类，予以说明。此外结合众多龙纹分类方式，再说明归于龙纹的饕餮纹、夔纹的纹饰特点。

（一）爬行龙纹

爬行龙纹是龙的侧面形象，张口向下，上唇上卷，下唇下卷或向口内卷，头顶有角，角的形状不一，身下有一足，尾弯曲上卷（图7）。爬行龙纹大多以对称的方式分布在青铜器表面，由造型不同的龙首和蜿蜒曲折的龙身组成，多以带状形式装饰在青铜器的口沿、腹部和圈足位置。爬行龙纹在商代中晚期至西周早期盛行。

（二）卷体龙纹

卷体龙纹，又称蟠龙纹，有两种形式。一种以龙首正面为中心，龙身围绕龙首蟠屈一团，多见于商代中期较晚时期（图8-1）；另一种展现龙首的侧面形象，龙身沿着龙首内卷盘成一圈（图8-2），商代中晚期至西周时期盛行。

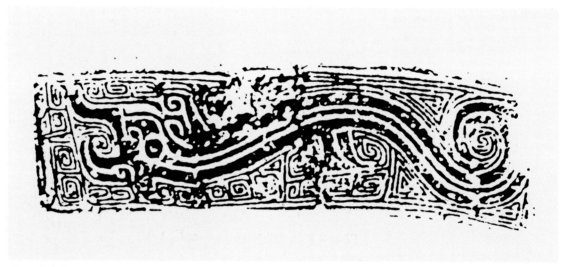

图7　爬行龙纹

图8-1　卷体龙纹

图8-2　卷体龙纹

（三）团龙纹

团龙纹以龙尾为中心，龙身盘卷一圈，龙首接于龙身中部，且偏向一侧，龙的嘴巴张开，上唇上卷，只有一足（图9）。团龙纹流行于西周早期。

图9　团龙纹

（四）交体龙纹

交体龙纹，又称交龙纹或蛟龙纹，是龙身作交缠状的纹饰。交龙在诸多文献中有记载。《周礼·春官·司常》记载："王建大常，诸侯建旗。"⑥郑玄注："诸侯建旗。""诸侯画交龙，一象其升朝，一象其下复也。"⑦《邺中记》也记载："锦有大交龙，小交龙。"《释名·释兵》曰："交龙为旗。旗，倚也，画作两龙相依倚也。"⑧根据这些记述，可见交龙的形象是一上一下出现的，上者下覆，下者上升，两者交缠谓交龙。

交体龙纹中多见两条或者两条以上龙相互交绕（图10-1）。主要有两种形式，一种是两条"C"形卷曲的龙身互相缠绕，龙首为正面或者侧面形态，在器物表面呈现单一图案，又称为蟠螭纹（图10-2）；另一种为两条或者两条以上的小龙互相缠绕，组成一个纹饰单元，且重复排列出现，形成有规律的带状，分布在器物表面，又称为蟠虺纹（图10-3）。交体龙纹多见于西周晚期。

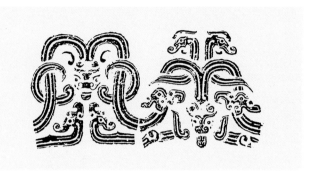

图10-1　交体龙纹

图10-2　交体龙纹

（五）双体龙纹

双体龙纹，又称双身龙纹、双尾龙纹，龙首居中，左右两条龙身向两侧伸展开，两条龙身的尾部微微上卷，多以带状形式分布于器物的口沿位置（图11），流行于商晚期至西周中期。马承源先生认为双体龙纹"与兽面纹的躯干对称地向两侧展开的道理相同，不过这种纹饰呈带状，因而龙的体躯有充分展开的余地。所谓双体龙纹，实际上是龙的整体展开图形"⑨。从双体龙纹的纹饰构图看，这种说法不无道理。

图10-3　交体龙纹

图11　双体龙纹

（六）双头龙纹

双头龙纹，又称两头龙纹、双龙纹，一条龙身两端分别有一个龙头，两端的龙头形态相同或者不同。龙的身体多表现为斜线或曲线，即龙身的变形状态。龙身为单体形式的双头龙纹多见于西周中晚期（图 12-1），龙身为缠绕形式的双头龙纹多见于西周晚期之后（图 12-2）。

（七）饕餮纹和夔纹

商周青铜器纹饰中的饕餮纹和夔纹极具特色，是古代先民幻想创造的特殊纹饰，实际生活中并没有饕餮和夔这两种动物存在。马承源先生认为，流行于商代和西周早期的饕餮纹，又名兽面纹，其实都是牛、羊、虎、熊等动物和幻想中的龙、夔等各种怪兽头部的正面形象[⑩]。张光直先生认为，饕餮纹"合观之则为饕餮纹，分观之则为夔纹者"[⑪]。邱瑞中先生认为："饕餮纹到底是什么？——其实，它是彼时的龙纹对首产生的动物面孔，立体地观察它，正是那个时代的龙纹之立体形态的平面展开图。"由此，本文将饕餮纹和夔纹归于龙纹的不同表现形式，说明商周青铜器上这两种纹饰的特征。

饕餮之名始见于《左传·文公十八年》，文曰："缙云氏有不才子，贪于饮食，冒于货贿，侵欲崇侈，不可盈厌，聚敛积实，不知纪极，不分孤寡，不恤穷匮。天下之民以比三凶，谓之饕餮。"[⑫]又见《吕氏春秋·先知览》记载："周鼎著饕餮，有首无身，食人未咽，害及其身，以言报更也。"[⑬]由此可知，饕餮之说来自古代神话传说，据说饕餮是神人缙云氏的一个"不才子"，它贪吃人类，吃到把人塞进嘴里无法下咽，终于变成了有头无身的怪物，终是因为贪吃害了自己。宋代学者将青铜器上以表现兽的正面头部形象为主的纹饰都称为饕餮纹，一直沿用至今。饕餮纹的主要特点是以兽的鼻梁为中心，两侧呈对称排列，上端有角，角下有鼻有目，目上有眉，有的目两侧有耳，多数饕餮纹有左右两侧展开的躯体和兽尾，少数简单的饕餮纹没有兽身和兽尾。

商代早期的饕餮纹，仅有一对兽目，其他部分被省略，纹饰抽象，一般纹饰的线条由横线条或竖线条的复合或者单线表现，线条末端微微卷起，纹饰线条有的纤细，有的粗壮。商代中期，饕餮纹更加突出兽目的形象，目在头部所占比例巨大，纹饰很少使用粗线条，整体纹饰更具神秘气氛。商代晚期，饕餮纹形象变得具体多样，此时的饕餮纹，有的扩大了兽角的部位，兽目相对缩小，兽面、兽身等部分以平雕和浮雕相结合的手法体现；有的只有平雕或者浮雕的兽面，没有兽身部分；有的饕餮纹已经变形，如只保留角、目、鼻、耳、爪等彼此不相连的线条，多为素面，少数有地纹，没有饕餮纹的整体感；有的变形为只有一对兽目，其他部分均由细密有规律的雷纹组成，但是纹饰线条精致，没有因为纹饰变形而显粗略。商代晚期至西周早期，饕餮纹使用最为广泛，形式也最多。此时饕餮纹的形象基本固定，但最突出的特征是角的形状各不相同，角的形状有的弯曲外卷状如羊角，有的展开内卷状如牛角，有的呈半环形带一短柱角，还有曲折角型、龙角型、虎耳角型、熊耳角型、长颈鹿角型等（图 13-1 ～图 13-3）。西周晚期之后，饕餮纹应用逐渐减少。

夔纹，是商代中晚期至西周早期青铜器上的重要纹饰之一，被认为是近似爬行状龙侧面的形象，一般对称出现，多为一角一足，张口，卷尾。《说文解字》："夔，神魖也，如龙，一足，从夂，象有角手人面之形。"[⑭]《庄子·秋水》记"夔谓蚿曰'吾以一足趻踔而行'"[⑮]。《山海经·大荒东经》记载："其上有兽，状如牛，苍身而无角，一足，出入水则必风雨，其光如日月，其声如雷，

图 12-1 双头龙纹

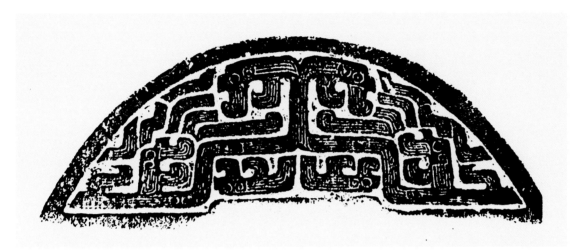

图 12-2 双头龙纹

图 13-1 饕餮纹

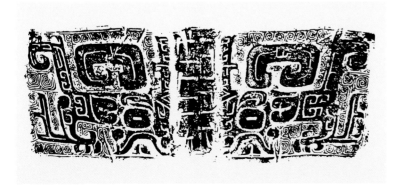

图 13-2 饕餮纹

图 13-3 饕餮纹

其名曰夔。黄帝得之，以其皮为鼓，橛以雷兽之骨，声闻五百里，以威天下。"[16] 正是受到古籍中"夔一足"的记载影响，宋代以后的记述多把一足动物称为夔。

夔纹形象变化较多，"有的夔纹已发展为几何图形化的装饰。常见的有身作两歧，或身作对角线，两端各有一夔首"[17]。夔纹大多装饰在青铜器的口沿下面、颈部或者圈足部位，也有变形的夔纹作为其他纹饰的辅助纹饰出现，或作空白处的填补图案使用，为了适应空白处大小不同的面积、形状，夔纹的造型表现也发生了变形和夸张（图14-1、图14-2）。

北京市文物交流中心藏西周饕餮纹簋，侈口，颈微束，鼓腹，两侧各置一半环形兽首耳，耳下有小钩珥，圈足有阶。口沿下两兽首耳间置对称凸起的兽首，器身两侧饰饕餮纹，圈足饰一周夔纹（图15）。

商周时期，在高度发达的青铜铸造业促进下，龙纹的装饰技法多种多样，如线雕、浮雕、圆雕等，不同的装饰技法有的单独使用，有的组合使用，极大地丰富了龙纹在青铜器上的表现形式。

三、商周青铜器龙纹的文化内涵

（一）原始雨神水神崇拜的象征

古代先民面对复杂多变的自然环境，由于生产力低下和知识匮乏，他们一方面要努力从自然界中获得赖以生存的资源，另一方面对神秘莫测的自然现象和破坏性极强的自然灾害，如雷鸣、

图14-1　夔纹

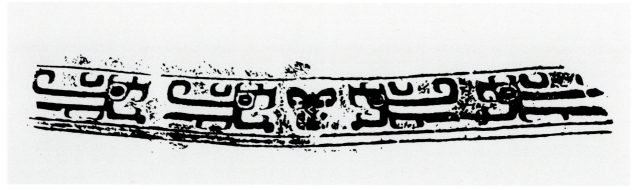

图14-2　夔纹

图 15　饕餮纹簋，西周，北京市文物交流中心藏

闪电、火灾、洪水、地震等感到极度疑惑、恐惧。于是古人在长期的生活中，将是否遇到猛兽危害，是否遭到雷电、洪水等自然灾害破坏，是否狩猎成功等结果，与主宰自然界的某种神灵联系起来，他们希望借助神灵的力量消除不可知的自然世界带来的灾难，佑护他们生活平安和悦，于是一些动物就成了神灵意志的体现，集合各种动物形象的龙便成为古代先民的神物，被表现和崇拜。

远古时期，洪水是破坏农业生产活动的重大灾害。传说龙与水有着密切关系。《山海经·大荒东经》记载："大荒东北隅中，有山名曰凶犁土丘。应龙处南极，杀蚩尤与夸父，不得复上，故下数旱。旱而为应龙之状，乃得大雨。"[18] 这一段讲述的是，在大荒的东北角，有一座山叫凶犁土丘山，应龙住在这座山的最南端，它因为帮助黄帝杀害了蚩尤和夸父，不能再回到天上，天上没有施雨的应龙，人间就常常闹旱灾。后来人间一出现旱灾，人们就画出应龙的样子求雨，就能得到大雨。屈原《楚辞·天问》也记载："应龙何画？河海何历？"王逸注："禹治洪水时，有神龙以尾画地，导水所注当决者，因而治之也。"这些都说明龙是古人祈求降雨或者攻克水患的神物。《考工记·画缋之事》中讲到绘画在衣服上的图案时，也有"水以龙"的说法，意思是水的图案是以龙的形象来表达的。

由此，古人把变幻无穷的龙纹铸刻在青铜器上，表达着他们对世界的认知和态度，以及对自然界神灵的崇拜，这些象征雨神和水神的龙的形象成为古人崇拜的神祇。

（二）统治阶级身份与王权的象征

商周时期，青铜器铸造达到鼎盛，并大量铸造青铜礼器。青铜礼器在祭祀、宴飨、征伐和丧葬等活动中使用，表示使用者的身份、等级和权力，"这是中国青铜器铸造历史上的一个很重要的特点"[19]。

青铜礼器被古代贵族统治阶级占有，铸刻装饰华美的青铜礼器是王侯贵族的身份地位象征，青铜礼器的纹饰越是精美，越能说明器物主人身份的高贵。天津博物馆收藏的镇馆之宝——西周早期太保鼎（图16），不仅器身四周雕铸阳线的龙纹，两只鼎耳上也雕铸有立体龙纹，而一般鼎的耳部多素面无纹饰。据学者考证，太保鼎是西周成王赐予重臣太保召公奭的宝器，雕铸如此繁缛精美的龙纹，彰显了器物主人的高贵身份，有着明其贵贱、别其尊卑的象征意义。

青铜礼器上精美的龙纹，一方面是贵族统治阶级身份的象征，另一方面也体现了他们对自己"龙属性质"的标榜，以此显示他们的权力是被神所赋予的。《易林》有记载，"黄帝出游，驾龙乘风，东上泰山，南过齐鲁，邦国咸喜"[20]。《诗经·小雅·蓼萧》记载："既见君子，为龙为光。"[21] 又《诗经·颂·酌》曰："我龙受之，蹻蹻王之造。"[22] 这些记载表明，统治者希望告知天下，龙是他们统治地位的天然属性象征，王权是受于天命而不可侵犯的。

（三）祭先祖、礼天地、告臣民的象征

张光直先生将青铜器的纹饰与商周史联系起来，认为青铜礼器有协助巫觋沟通天地之用，其上的动物纹饰也有助于这个目的[23]。关于商周青铜器上的动物纹饰，他认为："在商周之早期，神话中的动物的功能，发挥在人的世界与祖先及神的世界之沟通上……因此，这些铜器上铸刻着作为人的世界与祖先及神的世界之沟通的媒介的神话性的动物花纹，毋宁说是很不难理解的现象。"[24] 这反映了青铜器上动物纹饰的特殊意义和功能。

商周时期，青铜器作为祭祀先祖和天地的重要媒介，其纹饰与敬先人、通天地有着密切联系。祭祀是商周时期重要的礼仪活动，参加祭祀活动的是天子、诸侯等贵族，还有众多臣属和宗亲，祭祀活动遵循礼制规定进行，场面严肃庄重。祭祀活动使用青铜礼器，青铜礼器的多少、大小、纹饰均有礼制要求。象征尊贵王权的龙纹被铸刻在青铜礼器上，渲染着祭祀活动的肃穆气氛，以此传达给臣民统治者以礼治天下、以礼敬祖先的统治思想。铸造精美的青铜礼器和变幻多样的龙纹体现着祭祀者对先祖、天地的敬畏和礼拜，以及对统治臣民理所当然的宣示。

四、结语

青铜器的出现是人类进入文明社会的标志之一，青铜文化是中国传统文化的瑰宝。龙纹是青铜器艺术的主体纹样，在商周青铜器动物纹饰中占有重要位置，繁荣于商周青铜器上的龙纹装饰延续了很长时间。龙纹产生于史前时期，传承到商代西周时期，经过了发生、发展和繁盛阶段。其演变过程，体现了商代西周时期高超的成熟的青铜铸造技艺和高度发达的物质文明，传达了龙纹丰富的象征意义和文化内涵。

春秋战国时期，青铜器的礼器特性逐渐减弱，青铜器更多地成为日常生活用器，随之而来的，青铜器上的龙纹虽然基本延续前朝风格，但是龙纹古朴、神秘的风格有所改变，取而代之的是活泼、灵动的龙纹形象，此时的龙纹更加富有浪漫色彩。秦汉之后，随着朝代变迁，龙纹逐渐成为皇家权威象征和民间流行的吉祥纹样。明清时期，龙纹作为皇权的象征，被应用到前所未有的程度。

图 16 太保鼎，西周早期，天津博物馆藏

龙纹，作为中国古代重要纹饰之一，在不同历史时期和历史背景下不断变化，同时也承载着不同意义和文化内涵。

当今，龙纹已经成为中国传统文化符号的一部分，深深积淀于中国人的内心，它成为勇敢、威武、神圣的象征，展现了中华民族独有的精神气质。长久以来，商周青铜器龙纹研究是龙文化渊源探究的重要组成部分，对现代艺术设计同样有着持久吸引力和深远影响力。

（作者单位：北京市文物交流中心）

注 释

① 李山译注《管子》，北京：中华书局，2016年，第215页。

② 〔汉〕许慎：《说文解字》，〔宋〕徐铉等校定，北京：中华书局，2013年，第245页。

③ 闻一多：《伏羲考》，上海：上海古籍出版社，2006年，第25、26页。

④ 闻一多：《伏羲考》，上海：上海古籍出版社，2006年，第26页。

⑤ 马承源：《中国古代青铜器》，上海：上海人民出版社，1982年，第32页。

⑥ 〔清〕方苞集注《周礼》，金晓东校注，上海：上海古籍出版社，2023年，第399页。

⑦ 〔汉〕郑玄注《周礼注》，石城整理，北京：商务印书馆，2023年，第296页。

⑧ 〔汉〕刘熙：《释名》，愚若点校，北京：中华书局，2020年，第102页。

⑨ 马承源：《商周青铜器纹饰综述》，《中国青铜研究》，上海：上海古籍出版社，2002年，第364页。

⑩ 马承源：《中国古代青铜器》，上海：上海人民出版社，1982年，第31页。

⑪ 张光直：《商周青铜器上的动物纹样》，《考古与文物》1981年第2期。

⑫ 郭丹、程小青、李彬源译注《左传》，北京：中华书局，2012年，第717页。

⑬ 张双棣、张万彬、殷国光、陈涛译注《吕氏春秋》，北京：中华书局，2011年，第524页。

⑭ 〔汉〕许慎撰：《说文解字》，〔宋〕徐铉等校定，北京：中华书局，2013年，第107页。

⑮ 〔清〕王先谦集解《庄子》，方勇校点，上海：上海古籍出版社，2013年，第193页。

⑯ 杨维清注译《山海经·怪奇鸟兽图释》，北京：北京燕山出版社，2020年，第280页。

⑰ 丁孟：《中国青铜器真伪识别》，沈阳：辽宁人民出版社，2004年，第38页。

⑱ 杨维清注译《山海经·怪奇鸟兽图释》，北京：北京燕山出版社，2020年，第280页。

⑲ 马承源：《中国古代青铜器》，上海：上海人民出版社，1982年，第18页。

⑳ 〔汉〕焦延寿著，〔元〕无名氏注《易林》，马新钦点校，南京：凤凰出版社，2017年，第169页。

㉑ 周振甫译注《诗经译注》，北京：中华书局，2020年，第262页。

㉒ 周振甫译注《诗经译注》，北京：中华书局，2020年，第544页。

㉓ 张光直：《商周青铜器上的动物纹样》，《考古与文物》1981年第2期。

㉔ 张光直：《商周神话与美术中所见人与动物关系之演变》，《中国青铜时代》，北京：生活·读书·新知三联书店，2013年，第432～435页。

从出土玉器看商周时期龙纹饰的演变

殷　鹏

中华民族一直自称为龙的传人，并以龙作为图腾以及精神象征。在这片土地上，龙的形象最早可以追溯到 8000 年前的兴隆洼文化，在之后的几千年中，龙的形态逐步发生变化，能够使用龙纹饰的人群也在发生变化，甚至龙的精神内核也随着时间发生着转变。

本文试图通过梳理考古发掘成果、博物馆藏品、北京市文物交流中心藏品，大致厘清中国龙纹饰在商周时期的演变脉络，并通过其精神内涵，探索它在中华文明中所代表的意义，进而以此为契机，激发人们对中国文化更深层次的理解。

一、考古学与龙纹饰渊源

中国的考古事业，自民国时期李济[①]先生开始出现了曙光。经历百余年的发展，中国考古学已经对中国古代历史的补充作出了不可磨灭的贡献。

1994 年，人们在辽宁阜新查海遗址[②]中，发现了距今约 8000 年以红褐色砾石堆砌的龙的图案。其长 19.7、宽 1.8 ～ 2 米，龙头朝向西南，龙尾向东北，位置处于查海的聚落中心——大型房址的西南方[③]，可能是当时人们为了保护部落而制作的。这一时期，龙的图腾仿佛已经成为能够保护人们的东西，是一种保护神般的存在。

兴隆洼文化，以及之后的红山文化，都出土了我们现在熟知的玉猪龙，可以说这是大众目前最熟知的龙形器物。根据研究，玉猪龙等玉器应该是萨满文化中巫觋在占卜过程中用来与神灵沟通之物。它们作为一种能够通神的媒介或工具，得到使用。玉猪龙的形象，大致为大耳、大眼，面部有獠牙，身体呈"C"形，这与我们如今所熟知的龙形图案有一定区别。纵观玉猪龙的发展，可以看出其整体变化类似胚胎逐步发育的过程，从模糊不清的龙形，一步一步演化至成熟[④]。也恰恰因此，古人会将凶猛、富有神秘力量的动物身上的特点综合起来，塑造为崇拜的对象，经过宗教"加持"，进而上升为物化的神物，起到通神的作用。这也是龙纹饰或龙图腾在远古时期最重要的作用。

20 世纪 80 年代，考古工作者在河南濮阳西水坡一带进行考古发掘，发现了距今 6500 ～ 6300 年的蚌塑龙的图案，是如今发现最早的成熟逼真的龙的形象，被称为"中华第一龙"。从考古资

图1 龙形玉佩，《中国出土玉器全集·河南》，商代晚期，河南省安阳市妇好墓出土，中国社会科学院考古研究所藏

图1局部①

图1局部②

料可以看出，除去龙的图案外，另一侧还有一虎的形象，中间则平躺一人。有观点认为，这龙、虎、人组合的图形为整幅图中的一个局部，应为远古时期人们观测天象后产生的具象化表达，而龙与虎可能是接引人死亡后灵魂上天的媒介。由此可见，这一时期龙纹的象征意义依旧脱离不了通神的层面，未能达到更高的精神层面。

2002年春，考古工作者在二里头遗址二期晚段发掘出了长64.5厘米，由2000多片绿松石及部分玉石组成的龙形器物，距今约3800～3500年，也是难得的龙图案正视图。据推测，这条绿松石龙应为镶嵌在类似木牌等物之上的图案，并覆盖于墓主人胸前或手臂上，从而能够大致推断出墓主人为巫师或其他具有高等级身份的人。二里头遗址出土的这件绿松石龙，融合了当时各地龙纹饰形象，汇总形成了这样一种图案，为之后几千年中国龙形象奠定了一个大致的基础。

二、商代的龙纹饰

二里岗文化出现于二里头文化之后、晚商文化之前，考古界定为早商文化。这一时期中原王朝逐渐形成一个较为强盛且幅员辽阔的国家，龙纹饰也逐渐有了固定的样式。

晚商时期富有龙纹饰的器物，已经完全被掌握在王权手中，并且龙纹饰表现相对统一：大且有牙的嘴、类似蘑菇的龙角、小耳、长身、有爪、长尾，面部附有最典型的"臣"字目。考古学者发现，这一时期只要是商王统治区域内出土的龙纹饰器物，一般会有以上全部或部分特点。其周边文化面貌也相继受到影响，龙纹饰器物中包含以上部分特点。

晚商时期墓葬出土玉器实物较为丰富。以河南安阳殷墟妇好墓出土玉器为例，这一时期的龙纹或者龙形器物（图1）多为片状，圆雕件出土较少但更为精美。

这一时期龙纹的典型特点是出现了明显的"臣"字目，张大的嘴有齿，头部上方有蘑菇形角，小耳。四肢若兽足盘踞，以简单阴刻线刻划出利爪，身体修长卷尾，满身遍布双阴挤阳纹来体现龙身上的关节和结构。如图1局部①所示卷曲位置，能够明显看出所表达的是肘部及髋部能够转动的部位；图1局部②所示类似盾牌的位置，结合整体能够看出其表达的是脖颈部位。

晚商时期同时也有卷曲的龙纹（图2），形态大体上延续了红山文化时期的"C"形龙，只不过由圆雕转变为片雕，在身上刻划出纹饰并且增加龙爪，让龙的形态更加具象化、成熟化。龙角的部位刻划更加具体，背部有一圈突脊，增加了龙脊或者龙背后的鬣毛形态。

以上形象，能够体现出上古时期各文化之间的交流已经比较深入。由此也能知晓，中国文化是由多种文化相互借鉴、不断融合发展而来的，若单独截取一个时期、一个地域的文化面貌去研究，会失之偏颇。

商代圆雕龙形器物不多，也都出自等级极高的墓葬之中，图3所示就是较为典型的一件。本件龙形器的形态更加具体，头部更大更明显，双眼圆睁，背部出现明显的突脊，满身遍布双阴线雕刻的龙鳞，大嘴利牙呈现凶猛姿态。整体保留着"C"形龙卷曲的状态，但更加夸张，尾部卷曲高出身体，龙爪隐藏在身躯之下若隐若现，整体更具动态和凶猛的张力。

山东东部地区处于商王朝统治范围，整体文化面貌直接受到商文化影响，影响范围较大且较深。同时也延续龙山文化⑤，且受到红山文化⑥和查海文化辐射，其龙纹玉器不仅包含晚商时期龙纹形象，玉器形态、玉料选择也含有明显的东部文化特征。

图4所示出土玉器包含有龙及鱼纹样的特点，是一件较为典型的多种形态融合器物。器物有着龙头、龙眼、龙角，也有着鱼身、鱼鳍，这与我们如今所谓"鱼化龙"或者"鲤鱼跳龙门"的故事或有着一定的联系。

鱼化龙的样貌可以追溯到仰韶文化半坡类型的鱼崇拜。《山海经·大荒西经》云："风道北来，

图2　龙形玉佩，《中国出土玉器全集·河南》，商代晚期，河南省安阳市妇好墓出土，中国社会科学院考古研究所藏

图3　龙形玉佩，《中国出土玉器全集·河南》，商代晚期，河南省安阳市妇好墓出土，中国社会科学院考古研究所藏

天乃大水泉，蛇乃化为鱼。"《山海经·海外南经》云："虫为蛇，蛇号为鱼。"乃至李白《与韩荆州书》："一登龙门，便身价百倍。"均有类似记录或引用。由此可见，几千年的文化传承，如今已经深深烙印在我们的日常生活中，是我们生活中常被提及却不曾深入了解的厚重文化积淀。

图5所示器物，同样是玉璜形佩，纹饰上与图4仿佛有一定延续关系。此件器物整体已经为龙形，甚至背部已经出现明显的龙脊，尾部已经脱离鱼尾的形态，变长且向上卷曲；本为鱼鳍的位置，也发生变化，形成龙爪的形态；原本光素的身体以双阴线刻划出各个部位，完全以一种龙的形态展示出来。眼在头部依旧保持圆睁，呈一个变形的"臣"字目形态。

每一种纹饰无不反映着使用者的心态，所谓"纹必有意，意必吉祥"。龙纹饰在远古时期就是一种极为高贵的纹饰，佩戴、使用具有龙纹饰的器物，体现了使用者不一样的内在精神，或威慑，或期盼，或祝福。

商代或者说晚商时期的龙纹饰，乃至整体的玉器面貌，给人以一种威严、肃穆的感觉，远古时期所包含的神性依然存在，但已经逐渐被王权象征所取代。杨伯达先生在《巫玉之光》一书中也有类似阐述。而附着于其上的龙纹饰也随之悄然发生转变，由灵性转变为王权专许，从而以等级观念和凶猛样貌来体现中原王朝或者最高统治者号令四方的主导地位。

图4 龙形玉佩，《中国出土玉器全集·山东》，商代晚期，山东省滕州市前掌大219号墓出土，中国社会科学院考古研究所藏

图5 龙形玉佩，《中国出土玉器全集·山东》，商代晚期，山东省滕州市前掌大120号墓出土，中国社会科学院考古研究所藏

三、周代的龙纹饰

（一）西周时期

西周前期龙纹饰保留了部分晚商时期风格，但整体看来逐渐趋于图案化、平面化，就连玉器制作上繁缛的双阴挤阳工艺也逐渐被晚商时期逐渐兴起的一面坡工艺所取代。含有龙纹饰的圆雕器物几乎不见。而龙纹饰的使用目的，逐步从体现威慑四方的无上权力，趋向于体现等级观念。

图6、图7所示两件玉器均出自河南省三门峡市虢国墓地，分别代表了西周时期两种龙纹的玉雕样式。

图6中雕刻的龙纹饰，保留了部分晚商制玉余风，但威武霸气的外形尽失，取而代之的则是宠物般的温和。眼部由"臣"字目变为方块形眼，虽表现更为夸张立体，但缺失威武之感；嘴部依然微张，吐露大而卷曲的舌，但不再有凶猛之态；躯干雕刻相较于晚商时期更加流畅，尾部更加向上卷曲，并且完全雕刻出龙形的线条。但仿佛过分地追求了器物的流畅感，反而丢失了凶猛之态，并且给人以平面化的感觉。

图7中雕刻的龙纹饰，则为西周时期完全脱离商代制玉风格后所创。卷曲的下颚、椭圆形的眼、头部的小角、卷曲的耳朵、逐步消失的四肢以及比例更加夸张的身体和线条，能够体现出

图6 龙形玉佩，《中国出土玉器全集·河南》，西周，河南省三门峡市虢国墓地出土，河南博物院藏

图7 盘龙形玉佩，《中国出土玉器全集·河南》，西周，河南省三门峡市虢国墓地出土，河南博物院藏

西周制玉风格更加偏向于柔美化、图案化。这种头上出角的龙纹饰，一直延续于有周一朝的龙纹雕刻上。到了后期，龙纹饰被进一步简化及抽象化后，纹饰边缘出角甚至可以看作龙头的象征。

由龙纹饰趋近平面化、图案化、等级化来看，这一时期的文化面貌已经从王权威慑过渡为王权的等级观念，从而龙纹饰里所包含的神权思想已经逐渐消失。取而代之的则是依附于王权的龙纹饰，它是一种王权统治下的附属品、装饰品，用以彰显森严的等级制度。可以说，龙纹饰使用功能的转变，体现了中国文化和政治制度的变化。

西周时期的玉雕上，还有一种比较典型的龙纹饰，其将纹饰进行大范围解构，将部分解构后的纹样重新排列，从而符合器物整体的形态，以意象的形态表达纹饰内涵。图8所示玉雕就使用了这种制作方法。

图8所示的龙纹饰，整体为双龙交尾造型，这种双龙或多龙、多动物合体出现在同一件玉器上的样式，晚商时期已经出现。图中能够找到变形"臣"字目的眼睛，而其他地方则不再能够直观分辨。制作者通过将整体龙纹饰进行拆解，再次创作，加大各处纹饰卷曲程度，从而显得图案更加丰满繁缛。

仔细观察本件器物，能够分辨出龙纹中雕刻出了嘴（图8-1）、舌（图8-2）、角（图8-3）、鬣毛（图8-4）、前肢（图8-5）及两龙缠绕的躯干（图8-6）。并且可以发现，这些所要表达的内容完全被框定在了玉璜之内。

以器物外形决定纹饰走向而不是以纹饰雕琢器物，是西周玉雕龙纹饰的最大转变。由此也可说明，龙纹饰自此由威慑森严的具象化表达，转变为依附器物等级制度的装饰，更加体现周朝以来的礼法、等级观念。将龙纹饰局限在器物外形之内，就如同将王权局限在礼法之中。

图8　玉璜，《中国出土玉器全集·河南》，西周晚期，河南省三门峡市虢国墓地2009号墓出土，三门峡市博物馆藏

（二）春秋时期

到了春秋时期，"礼崩乐坏"带来的思想大发展、大变革，使得各诸侯国开始摆脱等级观念的束缚。伴随着"礼"的观念逐步松弛，各种文化面貌的器物相应产生。

龙纹饰作为象征权力和等级的一种特殊纹饰，在这一阶段的使用达到了一种全新的高度：从规矩到自由，从束缚到奔放，从一枝独秀到百家争鸣。以上无不彰显着这一时期盛行的不同思想观念和各诸侯国对于礼乐制度的独特理解。

图9～图12所示几件为春秋时期中原地区出土玉器，可以明显看出它们延续了西周时期的部分风格，对于龙纹的解构，也进一步发展。从器物上直观来看，已经很难看出龙的形态，甚至龙纹饰已经开始仅以刻画头部及部分身体来代表整体（图10局部、图11局部）。

从这一时期开始，同一件玉器上出现大量的对称龙纹饰成为主流。而龙纹饰在此时期已经完全沦为器物形态的附属装饰，其纹饰的内在核心精神，已经基本被器物所代表的身份等级所代替。

图8-1 嘴　　图8-2 舌　　图8-3 角

图8-4 鬣毛　　　　　　　　图8-5 前肢

图8-6 躯干

除了对于龙纹饰进行整体解构，根据器物外形进行雕琢外，还有类似图13、图14所示，将纹饰高度解构后附着于器物上，完全将龙纹饰当作整体填充物的器物。甚至有的只将龙纹部分刻画，最典型的就是仅对头部进行雕刻，只能通过寻找眼睛来确定龙头的位置，进而能够发现卷曲的上颚、下垂卷曲的舌等变形的局部。单独看纹饰的话虽无龙纹的霸气，但却因其若隐若现，反而增添了一种神秘感。

如图14局部所示的这种将纹饰四周边缘磨圆，从而形成更加富有立体感的假浮雕效果，也是西周晚期到春秋时期兴盛的装饰方法。这种装饰将提取出的龙纹饰要素（主要是头部）进行排列组合后，平铺于器物之上，形成一种密集、拥挤、繁缛的样子。这种装饰，已经完全看不出龙纹饰的整体，只能从细微处分辨出龙眼，进而确定龙头的位置，从而找到表达出的龙嘴、龙颚、龙角等部分。

南方受楚文化影响较深的地区，对龙纹的解构和利用达到了另一种新的艺术高度。

在这种文化影响下的玉器（图15、图16），将龙纹饰再度大规模解构，仅仅保留龙头图案，

图9 玉玦，《中国出土玉器全集·山东》，春秋，山东省沂水县刘家店子2号墓出土，山东省文物考古研究所藏

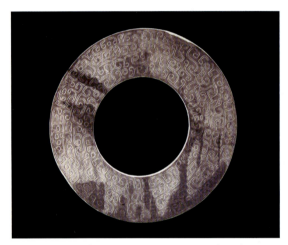

图10 玉环，《中国出土玉器全集·河南》，春秋，河南省光山县宝相寺黄君孟墓出土，河南博物院藏

图10局部

图11 玉璜，《中国出土玉器全集·山西》，春秋早期，山西省闻喜县上郭墓地55号墓出土，山西博物院藏

图11局部

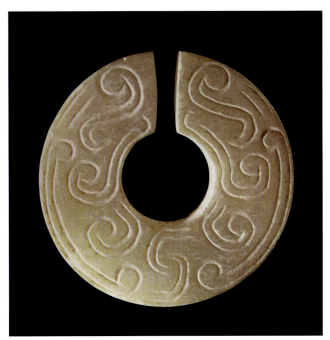

将上下颚、龙角、耳朵等部分加粗形成真浮雕效果，使整体纹饰效果更加立体，凹凸有致，用小圆圈部分表达出龙眼（图15局部），从而为整体器物进行装饰。在部分地方用网格纹或细碎的鱼鳞纹进行装饰铺垫，后摆的龙角或鬣毛部分用细致线条刻画。这种局部极为繁缛的雕琢，是中原地区较少使用的装饰方法。

图16所示的器物则完全将龙纹饰高度解构，眼睛已经不见，以解构开的龙纹饰填充于器物之上，呈现出如今所称的"卷云纹"形态。这种一脉相承下来的解构龙纹饰，到了这一时期，一般被称为蟠螭纹、虺龙纹，甚至是卷云纹。它们都是从完整的龙纹饰变体而来的。虽然从外表具象化来看只有一条龙，但也可以说，这件器物满身都是龙纹饰。

图12　玉玦，《中国出土玉器全集·山西》，春秋早期，山西省闻喜县上郭墓地55号墓出土，山西博物院藏

图13　虎形玉佩，《中国出土玉器全集·河南》，春秋，河南省淅川县下寺出土，河南博物院藏

图13 局部

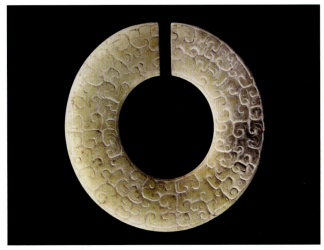

图14　玉玦，《中国出土玉器全集·河南》，春秋，河南省淅川县下寺出土，河南博物院藏

图14 局部

图 15　龙纹玉璜，《中国出土玉器全集·江苏上海》，春秋晚期，江苏省扬州市邗江甘泉军庄东汉墓出土，扬州博物馆藏

图 15 局部

（三）战国时期

　　战国时期群雄逐鹿，时局更加混乱，这一时期的龙纹饰也就相应地更加丰富多彩。

　　龙纹出廓玉璧（图 17）开始流行。这一时期人们已经不再满足标准的器物外形，开始大量在器物以外添加多种装饰，以龙纹居多。侧面体现了战国时期的思想——跳出"轮廓"外，更加追求个人的精神面貌。

　　双龙共用一身的玉璜（图 18），作为组佩上的一个重要配件，彰显霸气。这种龙纹主要刻画龙头形象，加长逐步

图 16　龙形玉佩，《中国出土玉器全集·安徽》，春秋，安徽省寿县城关西门蔡侯墓出土，安徽博物院藏

斧化的上下颚，向内卷曲的唇部，眼睛逐渐成为水滴形，并且保持着头部出角的形式，仿佛表达上挑的眉骨。除去头部的细致刻画外，足部、背脊则变得图案化、装饰化，有的玉器会在这两处额外刻划其他形态的龙纹、蟠螭纹、凤纹等。

全体态合体龙纹（图 19）也是这一时期的特点。最有意思的是，这种多龙全体态的玉器，呈非对称形态，打破了一直以来的对称构图，创新了形态布局，侧面说明了这一时期人们对于思想解放、跳出传统礼法规矩束缚的追求。龙纹的整体形态，也发生了一定的变化，以本件为例：龙头下颚斧化已经形成（图 19-1）；前肢变体成为斧形（图 19-2）；后肢则为了整体造型协调以

图 17　双龙形玉璧，《中国出土玉器全集·河南》，战国，河南省洛阳市西工区出土，洛阳博物馆藏

图 18　玉璜，《中国出土玉器全集·山东》，战国，山东省淄博市临淄区商王村 1 号墓出土，淄博市博物馆藏

图 19　龙凤形玉佩，《中国出土玉器全集·山东》，战国，山东省淄博市临淄区商王村 1 号墓出土，淄博市博物馆藏

图 19-1　下颚

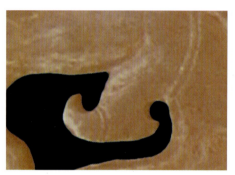

图 19-2　前肢

图 19-3　后肢

及器物佩戴使用功能，转变为与躯干类似的线条（图 19-3）；躯干则变得蜿蜒流畅，更显华贵。可以看出，这类玉器纹饰边缘更加圆润卷曲，爪、牙等部位不再被明显雕琢，而是融入整体中；沟沟角角的部位增加，对于弧线的运用极为成熟和广泛。

　　"S"形龙纹（图 20），也常出现在战国时期的大型墓葬中，一般成对出现，应为组佩中的一部分。这种龙纹饰形态令人记忆深刻，流畅的线条完全表达了龙的体态，满身遍布高度解构的龙纹，除了彰显使用者的身份，也体现出这一时期对于玉器加工的审美——精湛和繁缛。

　　谷纹玉璧（图 21）全身遍布同一种纹饰。西周晚期开始出现的逐步对龙纹进行解构的思路，至此再次发展。将解构后的部分龙纹再次美化，形成如今所称的"谷纹"，之后再以六边形对器物进行排列装饰。这种谷纹充斥在战国乃至两汉时期的玉器上。祭祀常用的蒲格谷纹及两汉时期著名的乳丁纹，则为谷纹的前身与发展延伸。

图 20　龙形玉佩，《中国出土玉器全集·湖北湖南》，战国早期，湖北省随州市曾侯乙墓出土，湖北省博物馆藏

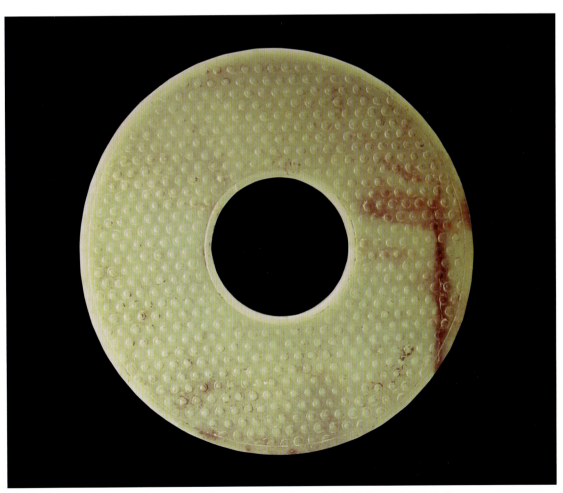

图 21　玉璧，《中国出土玉器全集·河南》，战国，河南省洛阳市金村出土，河南博物院藏

四、总结

商代和两周时期的龙纹饰，继承了远古时期龙纹饰的样貌，且发展开来，带动两汉龙纹的发展，进一步影响由宋代开始的摹古风尚，这种风格一直延续到了明清甚至当下。

明清时期仿古器物中所借鉴的龙纹饰，绝大部分来自两汉和战国时期。通过观察这些仿古器物，很明显能够看出，工匠或者设计者应该见到过同类型的出土器物或图样。

龙纹饰所表达的内在思想，从远古到如今也不断地发生着变化。远古时期龙图腾作为一种自然界凶猛野兽的象征，人们利用其保护家园。巫文化时期龙纹饰器物作为与神明沟通的媒介，成为一种精神崇拜。王权时期，龙纹饰作为权力的象征，威慑天下，令四方臣服。之后龙纹饰逐步落脚在图案及装饰上，供使用者把玩欣赏。到了元代，如今所熟知的龙纹饰形象开始流行。明清时期，统治者将龙纹饰再次进行美化，并将其作为至高无上的皇权的象征。这样一来，龙纹饰再次被抬高到至高无上的地位，形成一种文化的回溯，同时自上而下地影响到如今的我们。我们依旧喜爱、使用着龙纹饰。随着对于文化的不断发掘和文化本身的高速发展，如今有大量的不同时期的龙纹饰的器物融入我们日常生活中，潜移默化地传承着龙纹饰所承载的龙的精神。

（作者单位：北京市文物交流中心）

注　释

① 李济（1896～1979年），原名顺井，字受之，后改济之，湖北钟祥郢中人，人类学家、中国现代考古学家、中国考古学之父。
② 该遗址已公布2个碳十四测年数据，年代距今6925±95年、7360±150年，经树轮校正年代距今8000～7500年，属新石器时代早期。
③ 瞿德芳：《查海：新石器时代聚落遗址发掘报告》，北京：文物出版社，2012年。
④ 王志钟、王晓雪、罗雪雁：《玉器龙纹饰的起源与演化》，北京：中国言实出版社，2024年。
⑤ 龙山文化，泛指中国黄河中下游地区约新石器时代晚期的一类文化遗存，属铜石并用时代文化。龙山文化首次发现于山东省济南市历城县龙山镇（今属济南市章丘区）而得名。经放射性碳素断代并校正，年代为公元前2500年至公元前2000年。分布于黄河中下游的河南、山东、山西、陕西等省。龙山文化时期相当于文献记载的夏代之前，或与夏初略有交错。
⑥ 红山文化，发源于东北地区西南部。起始于五六千年前，分布范围北起内蒙古中南部地区，南至河北北部，东达辽宁西部，包括辽河流域的西拉木伦河和老哈河、大凌河上游。

古玉拓本中的视觉艺术

以历代龙纹器物为例

李宇翔

玉文化积淀着中华民族最深层的精神追求，是中华民族独特的精神标识，是中华文明绵延不绝的见证与载体。龙纹玉器作为历代古玉中的重要类型，起源之早、延续之久、变化之繁、寓意之丰，呈现出了多样的艺术风格，是研究中国古代文化、艺术、历史的珍贵资料。本文以相关文献为基础，拟对18件（套）公私收藏的龙纹玉器拓片与实物进行研究分析，进而说明金石拓本在文物鉴定及保护方面的突出作用。

一、中国传统文化中的玉与龙

习近平总书记指出："中华优秀传统文化是中华文明的智慧结晶和精华所在，是中华民族的根和魂，是我们在世界文化激荡中站稳脚跟的根基。"考古发现证明，中国的玉文化历史悠久。在距今九千多年的小南山文化遗址中就出土了大量制作精美的玉器。历经岁月变迁，朝代更迭，玉器被赋予了祭祀、陈设、佩戴等功能，一直延续并保持着旺盛的生命力。玉文化积淀着中华民族最深层的精神追求，是中华民族独特的精神标识，是中华文明绵延不绝的见证与载体。

龙作为一种远古图腾，在《山海经》等古代文献中已有记载，被赋予了吉祥等多种象征含义。玉和龙作为中华民族的两个重要文化符号，长久以来在文学、艺术、宗教等领域发挥着不可替代的作用，玉龙的出现，更为中国古代玉器发展史揭开了辉煌灿烂的序幕[①]（图1）。

二、金石传拓技艺

传拓作为中国原创的一项传统技艺，是重要的非物质文化遗产，其制作方法是将纸紧贴于各

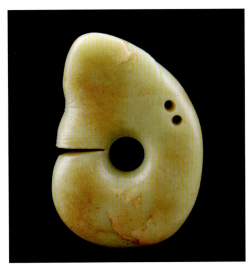

图1　红山文化玉猪龙，北京市文物交流中心藏，章乃器先生旧藏，现陈列于北京大运河博物馆

类器物上，用水、墨、颜料以及特制工具进行拓印，对甲骨、陶器、青铜、玉器、碑刻、画像石、铜镜、货币上的文字或图案等进行记录与保存，因此也被称为金石传拓[②]。无数的珍贵文物、古代文献和书法艺术品因此项技艺而得以流传和复制，且至今仍在考古、文博、古籍保护等领域发挥着无法替代的作用[③]。

三、拓片及拓本

拓片是一种特殊的文献形式。它是通过传拓的方法，将各种材质载体上的文字、纹饰、器形转移到纸面上所形成的文献，其版本学名称为"拓本"[④]。对于文物工作来讲，它既是一种有效的记录手段，其本身也具备文献研究的意义。许多已毁坏的碑刻或器物，因有拓片传世，我们才能了解与感受原物的内容及风采。

图 2　西周早期太保玉戈，美国弗利尔美术馆藏，端方旧藏

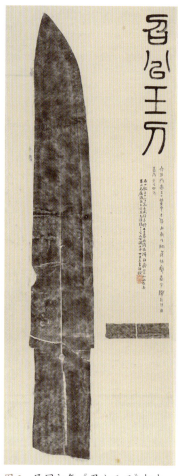

图 3　民国初年《召公玉刀》拓本，北京市文物交流中心藏，尊古斋黄浚旧藏

19 世纪发现于陕西的"召公玉刀"，现名"太保玉戈"，收藏于美国弗利尔美术馆（图 2）。太保玉戈作为数千年前的一件大体量的玉礼器，见证并通过近 30 字的铭文记录了一段历史事件，实物 20 世纪初即流往海外，现国内有记录可查的拓本仅有五件。其中现收藏于北京市文物交流中心的民国时期的重要古董商黄浚旧藏拓本（图 3）在器物旁另拓出清晰的铭文，并有同时代金石学家冯志青的题跋，具有重要的艺术价值与史料价值[⑤]。

四、龙纹古玉的传拓

龙纹器物作为历代古玉中的重要类型之一，因其起源之早、延续之久、变化之繁、寓意之丰，呈现出了多样的艺术风格。伴随着清中期以来金石学的兴盛，文人士大夫多乐于为自藏古物拓制精美的拓本，并在群体中以书法题跋的形式分享研究成果，因此拓本的往来交流也在一定程度上推动了传拓技术的发展。相关传拓技艺在此风尚的影响下自成一脉，不断继承发展，产生了独特的艺术效果（图 4）。

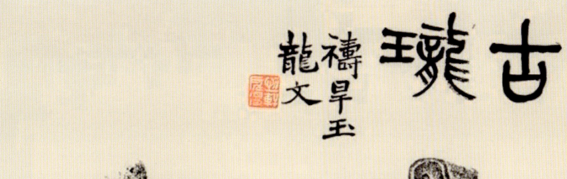

古瓏

禱旱玉
龍文

說文訓瓏為禱旱玉
此玉綠龍為文其為
古瓏可知制作古樸直
可作三代彝器觀也左
傳昭公使公衍獻龍
輔於齊侯正義引說
文為說但此可為詁
經之助

图 4　清代吴大澂题跋《三代古玉珑》拓本

079

五、历代龙纹玉器实物及拓本的比对

现以相关文献为基础，对 18 件（套）公私收藏的龙纹玉器的实物与拓片进行比对研究，进而分析金石拓本在艺术层面呈现出的视觉效果。

（一）新石器时代龙纹玉器

以故宫博物院收藏的红山文化的玉猪龙为例（图 5），此器玉质青绿色，有褐色斑，兽首，大耳，鼻、眼皆用粗阴线表示，兽身卷曲呈环状，颈部有二孔。此类器物于红山文化遗址中多有发现，研究者认为其雕刻的是由某些动物演化而来的龙，表现的是某种神灵崇拜。而从拓本可见，由于通体光素，器物的眼部、耳廓、颈部均以浓墨拓出，器物的线条、隐起部分以及磨泐处传拓得准确无误（图 6）。

（二）商周时期的龙纹玉器

以天津博物馆所藏商代青玉龙纹佩为例（图 7），此器玉质青白色，浮雕，圆形，两面均饰相同龙纹，首尾相接，张口露齿，方形目，独角后伏，尾尖外卷，中琢一孔。龙身采用"双阴挤阳"技法雕琢勾云纹，纹饰刻划精细娴熟，线条舒展朗逸。殷墟妇好墓中出土相似玉器数件，具有重要的历史研究价值。而就拓片可见，制拓时取单侧龙纹，以浓墨示通身纹饰（图 8）。

另如周原博物院藏陕西省扶风县强家村 1 号西周墓出土的龙凤纹合雕佩（图 9），此器为半透明青玉质地，表面可见大量白色沁。器物两侧纹饰相同，整体造型繁复、构思精巧，为复合型龙凤纹玉器。凤鸟为圆眼、钩喙，头部毛发细长，后有上卷的羽冠。龙头上有角，口露獠牙，盘

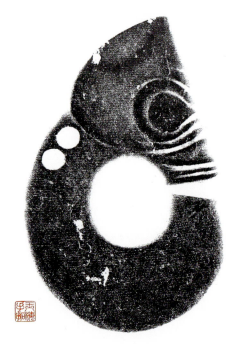

图 5　红山文化玉猪龙，故宫博物院藏　　　　图 6　红山文化玉猪龙拓本（郭玉海先生拓）

图 7　商代青玉龙纹佩，天津博物馆藏

图 8　商代青玉龙纹佩拓本

图 9　西周龙凤纹合雕佩，1981 年陕西省扶风县强家村
1 号西周墓出土，周原博物院藏

图 10　西周龙凤纹合雕佩拓本（马子云先生拓）

旋相交，一龙纹的头部靠下似为足部，线条流畅，文化内涵丰富，现藏于宝鸡市周原博物院。从故宫博物院马子云先生所制的拓本中，我们可以看到其流畅的纹饰与精巧的工艺，较好地弱化了实物上由于沁色所造成的纹饰模糊而不易辨识的影响（图 10）。

（三）春秋时期的龙纹玉器

以宝鸡市凤翔区博物馆藏 1972 年陕西省凤翔县河南屯遗址出土的春秋环带状秦式龙纹玉璧为例（图 11），此器玉质墨绿色，细腻润泽，两边均有部分受沁之白斑，体形硕大，边缘有部分残缺，璧面厚薄不一，两面均以细线阴刻出四圈环带状秦式龙纹，龙首作勾连状，身、尾亦以勾连云纹组成斜三角形，两龙为一组，身尾互叠，规整流畅。就其拓本而言，在制拓时取玉璧之一面，墨色淡雅，完美地展现出秦式龙纹细密的特点（图 12）。

另如故宫博物院所藏春秋双龙首璜（图 13），此器玉质黄褐色，微透光，局部有褐色斑。整体呈短弧形片状，两端为侧面兽首，身饰勾云纹。亦可见有极细的阴线纹，工艺精致。璜身有六孔，当为成组玉佩中的主要器物。从其拓本观之，在制拓时取玉璜之一面，用墨浓淡有致，遂将繁密的勾云纹及龙首等特点逐一展现（图 14）。

图 11　春秋环带状秦式龙纹玉璧，1972 年陕西省凤翔县河南屯遗址出土，宝鸡市凤翔区博物馆藏

图 12　春秋环带状秦式龙纹玉璧拓本

图 13　春秋双龙首玉璜，故宫博物院藏

图 14　春秋双龙首玉璜拓本

图 15　战国双龙首玉璜，故宫博物院藏

图 16　战国双龙首玉璜拓本

（四）战国时期的龙纹玉器

以故宫博物院所藏战国双龙首玉璜为例（图 15），此玉璜为相同的两件成对，当为同一玉料所制。此器为白玉质地，内含赭褐色。半圆形，外弧为双兽首式，两端为较大的侧面兽头，张嘴，凸眼，形象生动。璜身饰蚕纹。下弧处饰透雕的勾连纹。拓本在制作时，取一件玉璜之一面，墨色浓淡有致，将面部特点与纹饰较好地表现了出来（图 16）。

另如故宫博物院所藏战国勾云纹龙凤玉璧（图 17），其为白玉质地，局部有褐色沁斑，圆形，两面饰勾云纹，璧孔之中饰一龙，挺胸，张口，粗尾。璧外两侧各饰一凤，小头细颈，头顶长翎，长尾，顶翎及尾羽中皆有环孔。从郭玉海先生所制拓本可见，拓时取玉璜一面，墨色随势变化，云纹凸起，边际留白，施墨自然（图 18）。

图 17　战国勾云纹龙凤玉璧，故宫博物院藏　　　　图 18　战国勾云纹龙凤玉璧拓本（郭玉海先生拓）

图 19　西汉玉龙，狮子山楚王墓出土，徐州博物馆藏　　图 20　西汉玉龙拓本

（五）汉代的龙纹玉器

以徐州博物馆藏狮子山楚王墓出土的西汉玉龙为例（图 19），此器以新疆和田白玉雕琢而成，莹润有玻璃光泽，半透明，局部有沁斑。造型为单体龙，身体蜷曲，呈"S"形。张须露齿，双目圆睁，毛发向两侧卷曲，领部以阴线刻出一圈绞丝纹，前肢曲折，爪趾锐利，呈尖钩状，龙尾上卷并平削，通体饰勾连涡纹。其拓本取玉龙一侧而制拓，在浓淡相间之中，将玉龙面部神韵与周身纹饰层次分明地展现出来（图 20）。

又如 1976 年北京市崇文区（今属北京市东城区）永定门外出土，现藏首都博物馆的东汉双螭鞢形佩（图 21），玉质呈黄褐色。两侧各镂雕立体螭龙，器物中部为鸡心式，片状，中心有孔。在古代文献中，多称此类玉佩为"螭玦"。从胡振方先生所制拓本可见，此器在传拓过程中施

图 21　东汉双螭韘形佩，首都博物馆藏

图 22　东汉双螭韘形佩拓本（胡振方先生拓）

墨浓淡相间，游丝雕工艺之轻灵以及螭龙的动感，皆于拓片之上有所体现（图 22）。其中所反映出的信息量，反而胜于受沁色影响而显得纹饰漫漶不清的实物。

（六）魏晋南北朝时期的龙纹玉器

以上海博物馆藏西晋龙纹鲜卑头为例（图 23），此器为白玉质地，长方而扁平，外框残缺，

图 23　西晋龙纹鲜卑头，上海博物馆藏

图 24　西晋龙纹鲜卑头拓本

图 25　唐代龙纹玉环，上海博物馆藏

图 26　唐代龙纹玉环拓本

并可见有圆形小孔，通体镂空，琢一雄浑矫健的玉龙匍匐于其上，龙身饰鳞纹，线条婉转流畅。其拓本工艺精湛，除将外框背面的两行铭文清晰拓出，亦将正面玉龙的外观与细节逐一展现（图 24）。

（七）隋唐五代时期的龙纹玉器

以上海博物馆藏唐代龙纹玉环为例（图 25），此器为白玉质地，圆形，中有一孔。一面为戏珠之行龙，龙身雕网格纹以示龙鳞，头生双角，凤眼粗眉，张口露牙，肋下生翅，动感强烈。背饰三组等距如意云纹。其拓本工艺细致入微，用墨于浓淡之间又富于变化，将唐代龙纹的相关特点完美地展现了出来（图 26）。

又如四川博物院藏五代永陵出土的玉带（图 27），此条玉带 20 世纪 40 年代出土于四川成都前蜀王建之永陵，是一件兼具历史价值与艺术价值的国宝级文物。鉈尾背面的铭文记载了此玉带之出处。其拓本墨色淡雅，将带上所雕腾龙的气势与背面之铭文，清晰地表现了出来（图 28）。

（八）宋元时期的龙纹玉器

杭州宋代玉器博物馆收藏的宋代龙纹玉嵌饰（图 29），其质地洁白细腻，工艺颇为精湛，乃于湖石之中隐现一龙，龙昂首，尾分三叉，双肩饰火焰纹，一爪探珠，两足蹲立，器物背

图27 五代永陵玉带，四川博物院藏

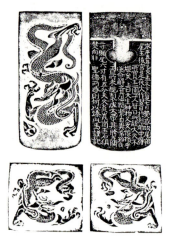

图28 五代永陵玉带拓本

图29 宋代龙纹玉嵌饰，杭州宋代玉器博物馆藏

图30 宋代龙纹玉嵌饰拓本

部光素，可见加工痕迹，似为镶嵌之物。拓本上亦可见湖石背景隐约显现，龙身墨色淡雅之中颇具张力（图30）。

天津博物馆藏元代翼龙纹双耳玉壶（图31），此器玉质青褐色，造型扁圆，双耳饰云纹，颈部饰缠枝花卉纹和草叶纹，腹部可见有一翼龙出没于惊涛骇浪之间。龙首生鹿角，张大口，上唇长卷，身饰鳞纹，张三爪，鱼形尾旁可见一宝珠，瓶身下腹部饰莲瓣纹，圈足饰回纹。其拓本乃于高低起伏之间，以浓墨拓出瓶身纹饰及底子上的波涛，难度较大（图32）。

（九）明清时期的龙纹玉器

本文作者所拓天津国拍2010年秋季拍卖会553号拍品龙纹玉带板插屏一件（图33），原物系明代龙纹带板，其质地为青白玉，整体泛玻璃光泽。造型为长方片状，上饰海水江崖及龙纹、花卉、瑞鹊等图案，以喻"龙腾盛世"祥瑞之兆。所做拓本以朱砂拓制，将带板正面的纹饰及背面四角的对钻双孔、中心十字标记等细节清晰地展现出来（图34）。

傅熹年先生《古玉掇英》一书中收录了一件清代的仿古玉镂雕龙凤纹佩（图35），整体呈长方片状造型，和田白玉质地，整体呈"S"形，一端为龙首，另一端为凤首，周身饰卷云纹及网格纹。其拓本施墨略淡，将龙身之网格纹、勾云纹等纹饰悉数拓出（图36）。

图 31　元代翼龙纹双耳玉壶，天津博物馆藏

图 32　元代翼龙纹双耳玉壶拓本

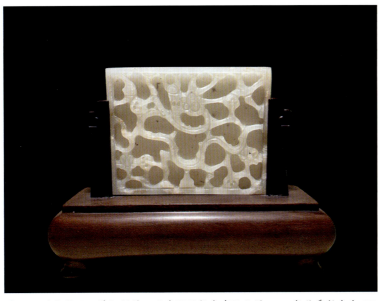

图 33　明代龙纹玉带板插屏，天津国际拍卖有限公司 2010 年秋季拍卖会 553 号拍品

图 34　明代龙纹玉带板拓本（本文作者拓）

图 35　清代镂雕龙凤纹玉佩

图 36　清代镂雕龙凤纹玉佩拓本

六、金石传拓在文物保护中的作用

从以上十几件（套）龙纹玉器的拓本可以看出，由于拓印是在原物上直接操作的，所以无论是纹饰、器形、款识，都能够最大程度地被保留下原貌和细节，从而把原物本身的精神气质和文化内涵最原始、最本质也最朴素地表现出来。在科技高度发达的今天，高清数字出版和全息影像等新技术已经能够完美地复制和展示文物，但金石传拓仍然具有不可替代的价值。

通过传拓，我们能够深切地感受到历史的厚重与文化的魅力。它在考古研究方面，具有不可替代的作用。研究者根据拓本可以更加清晰地看到古代碑刻等文物上的文字和图案，为考古研究提供重要的参考资料与研究依据。在文物保护方面，拓本能将古物的信息原原本本地进行保留。在文化传播方面，拓本可以展现实物所蕴含的历史信息与文化内涵，加深大家对传统文化的了解和认识，进而增强文化自信。在实践创新方面，传承传拓非遗技艺的过程，为现代艺术创作提供了丰富的灵感与素材。

七、结语

金石传拓是中国古代劳动人民在生活实践中总结出的一项传统技艺。一张张玉器拓片，既精且美，阐幽发微，它们携带着文明的基因和密码，承载着丰富的文化信息，值得我们驻足凝神，体悟其中奥妙。

（作者单位：北京市文物交流中心）

注 释

① 李宇翔：《从文物鉴定的角度谈红山文化玉器的特点及北京市文物公司所藏玉猪龙的比较研究》，《东方收藏》2017年第8期，第54～61页。
② 李宇翔：《金石并茂，题跋交辉——北京市文物交流中心藏金石善拓六品的考释与研究》，《收藏家》2023年第8期，第66～79页。
③ 李宇翔：《传统手工艺的保护与传承——以金石传拓为例》，《收藏家》2020年第8期，第89～94页。
④ 杜伟生：《拓片及其装帧与装裱》，《图书馆工作与研究》2010年第9期，第66～71页。
⑤ 郝佳雯、李宇翔：《北京市文物交流中心藏"召公玉刀"拓本研究》，北京市文物局编《北京文博文丛2023》，北京：北京燕山出版社，2023年，第55～59页。

参考文献

[1] 故宫博物院编《古玉精萃》，上海：上海人民美术出版社，1987年。
[2] 傅忠谟：《古玉精英》，香港：中华书局，1989年。
[3] 傅熹年：《古玉掇英》，香港：中华书局，1995年。
[4] 尤仁德：《古代玉器通论》，北京：紫禁城出版社，2002年。
[5] 北京市文物局编《北京文物精粹大系·玉器卷》，北京：北京出版社，2002年。
[6] 中国国家博物馆、徐州博物馆编《大汉楚王——徐州西汉楚王陵墓文物辑萃》，北京：中国社会科学出版社，2005年。
[7] 张广文：《明代玉器》，北京：紫禁城出版社，2007年。
[8] 张广文主编《故宫博物院藏文物珍品大系·玉器》，上海：上海科学技术出版社，2008年。
[9] 张尉：《中国古代玉器》，上海：上海人民出版社，2009年。
[10] 徐琳：《中国古代治玉工艺》，北京：紫禁城出版社，2011年。
[11] 天津博物馆编《天津博物馆藏玉》，北京：文物出版社，2012年。
[12] 郭玉海：《金石传拓的审美与实践》，北京：故宫出版社，2015年。

清末民国时期龙纹饰绘画简析

以北京市文物交流中心藏品为例

王　蔚

一、龙纹饰绘画发展历程

根据考古发现，目前中国最早有关龙的绘画是《人物龙凤图》和《人物御龙图》，这两件国宝是战国时期楚国帛画，均出土于湖南省长沙市楚墓，距今已有两千多年的历史，现藏于湖南博物院。

《人物龙凤图》（图1）发现于1949年春。图中描绘一位宽袍大袖的侧立妇女，两手合十，其前上方画有一龙一凤。凤鸟展翅翱翔，龙作腾空状，"画面的意思即所画的妇女是为死者祈福，祈愿龙凤引导死者灵魂升天成仙，浓缩了当时楚人的一种丧葬习俗"①。

《人物御龙图》（图2）发现于1973年。画面描绘了乘龙升天的场景。"帛画的主体是一位男子。面向左边侧身而立，头为侧面，腰佩长剑。男子下方和前部是一龙，龙口大张，面向前方。可见龙之四足，尾部上翘后再向下弯曲。龙身下部有云状图形，或是表现乘云。"②

这两件帛画都与升天、丧葬有关，可见在早期绘画中，龙与这类题材密不可分，并且属于典型国画艺术风格，使用墨线勾描，笔法坚挺有力，构图层次分明，富有古拙的艺术美感，充分显示中国绘画在战国时期的高超水平，是中国早期

图1　《人物龙凤图》

图2 《人物御龙图》

绘画中最为珍贵的实物资料之一，不仅具有很高的艺术价值，而且具有极其重要的历史研究价值。

"汉代的羊角形龙角是普遍存在的，大多数的龙的图像，无论是猫科动物性的还是爬行动物性的都遵循羊角形龙角这一特点，魏晋时期龙角的形态比较多样，但也基本没有同一作品里存在两种不同龙角的情况出现，由此可见唐宋之前的龙角的不同形态是图像演变所导致的。"唐代张彦远的《历代名画记》记录了魏晋时期"画龙点睛"的故事，唐代也有一些龙的壁画或其他与龙相关的绘画的记载，只是没有作品流传，其中比较出名的当属吴道子的《画龙图》。除此之外，从魏晋时期开始，一些神话题材或其他不以龙为表现重点的绘画中也会出现龙的痕迹，而这些绘画中的龙的痕迹与样式到宋代也依旧在延续，最典型的比如《洛神赋图》③。

龙纹饰绘画到五代南唐画家董羽有了长足进步，他在《画龙辑议》中提出："画龙者得神气之道也。神犹母也，气犹子也，以神召气，以母召子，孰敢不致？所以上飞于天，晦隔层云，下潜于渊，深入无底，人不可得而见也。古今图画者，因难推其形貌，其状乃分三停九似而已。""三停九似"这种画龙的技法逐渐被后人接受，发展成为龙纹饰绘画的范式。

"三停为相术家把人体及面部各分三部，称上、中、下三停。谓三停匀称齐等，为佳相。"④而《画龙辑议》中的三停，即："自首至项，自项至腹，自腹至尾，三停也。"则将龙分为三个部分进行描绘。只要三停构图匀称，也就是构图最佳的比例。"九似"即："头似牛、嘴似驴、眼似虾、角似鹿、耳似象、鳞似鱼、须似人、腹似蛇、足似凤。是名为九似也。"通过将龙的身体各部与相似动物样子作比，可以更加清晰地绘制出龙的形貌。《画龙辑议》中除了最重要的"三停九似"之外也明确表述了绘画中雄龙和雌龙的具体差别："雌雄有别，雄者角浪凹峭，目深鼻豁，须尖鳞密，上壮下杀，朱火弈弈。雌者角靡浪平，目肆鼻直，髻圆鳞薄，尾壮于腹。"⑤

北宋郭若虚《图画见闻志》云："画龙者析出三停，分成九似。穷游泳蜿蜒之妙，得回蟠升降之宜，仍要鬃鬣肘毛，笔画壮快，直自肉中生出为佳也。"⑥他进一步发展和提高了"三停"技法："即从头至胸，从胸至腰，从腰至尾，要有转折粗细的变化，要衔接自如……在宋代，'三停九似'仅是对于龙的形象的一种描述，更是一种绘画理论，它不同于前代文献中对于龙画的描述性的文字，'三停九似'是一种具有引导性和规范性的理论，它以前代绘画为依据的同时，又使后世更多的绘画找到了新的依据。"⑦元代龙纹饰在宋代龙纹饰的基础上有所变化，突出的特点是龙的头部更为扁长，角似鹿角且伸向脑后⑧。

明清时期，龙的形貌上承宋元，并未产生太多变化，龙纹饰的细节描绘更加丰富与饱满。这一时期，龙与其他吉祥图案组合，成了主流装饰图案。"为了满足当时日益壮大的装饰需求，于是便开始有了对龙结构特征上的细化，所以这就形成了当时将龙纹饰图案细分成团龙纹样、蟠龙纹样、翔龙纹样等图案形式，在不同装饰领域表现不同寓意……所以明清时期的纹样在发展过程中就形成不同种类纹样图案相结合的模式。"⑨这也是明清时期龙纹饰的时代特征之一。

龙纹饰在清末民国时期已比较稳定，绘画中其形貌已经没有太大变化，延续了"三停九似"绘画范式。虽然设色作品的比例明显增多，但由于龙纹饰绘画的题材的特殊性与局限性，水墨作品依旧是龙纹饰绘画最主要的创作题材。虽然绘画技法和内容更加丰富，但是其形象特点较少创新。有研究指出："以陈容、法常等宋代名家的龙画创作为示范的一种综合性的龙画创作模式，这一模式对于后世的龙画创作形成了新的领导作用，甚至变成了一种规范，它指导并且也限制了之后的龙画创作。从宋代之后，龙画的发展基本没有发生过太大的变化，除了绘画技术更加精湛，绘画材料有所更新外，龙画创作本身没有过太大的突破，龙的外在形象已经由'三停九似'确立下来，这一图像观念已经深入人心，无论是龙的整体形象还是具体细节，都不会再像宋代以前一样经历由外在因素引发的内在形象改变。"⑩

清末民国时期，龙纹饰绘画只是道释题材中的分支之一，并不被人重视。其发展水平远远弱于花鸟画，甚至不如动物画。清末民国时期也没有以专门画龙而闻名的画家出现，龙纹饰绘画整体式微。

二、北京市文物交流中心藏龙纹饰绘画赏析

下文以北京市文物交流中心藏五件龙纹饰绘画为例进行赏析，以期使读者更加直观地了解清末民国时期龙纹饰绘画艺术。

梁树年《升龙图》（图3），水墨，镜心。龙爪开张，龙纹饰造型威武，使用白描技法绘制龙纹饰图案，画面以水墨晕染出的层层云海为背景，仅绘出龙首、两端龙身和两只龙爪，简洁明了地展示出龙的形象，这种构图方式便属于典型的"三停九似"。这幅作品创作于1936年，虽是梁先生早年作品，但是用笔刚劲有力，线条婉转变化，用墨干湿浓淡相得益彰，足见其绘画功底深厚。他1947年拜张大千为师，画艺进一步提高，1964年始到中央美术学院国画系执教山水画，历任讲师、副教授和教授，为新中国国画事业发展鞠躬尽瘁⑪。

黄羲《云龙图》（图4），具有民国时期海派绘画典型风格。首先，画面线条粗犷有力，用墨浓淡分明；其次，色系搭配大胆求新，颜色艳丽明快；最后，画面雅俗共赏，造型生动，线

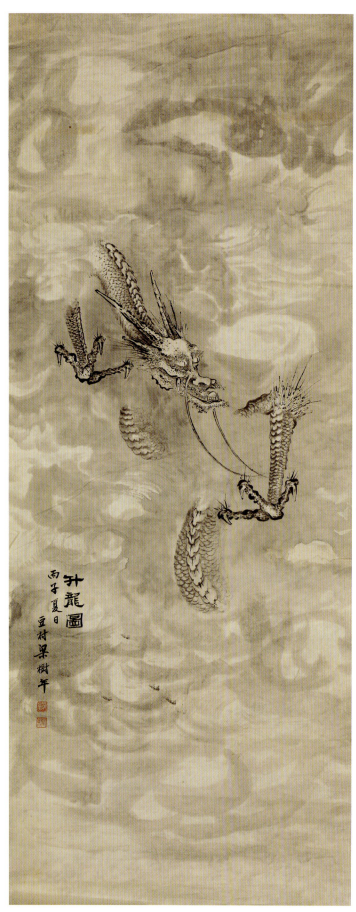

图 3　梁树年《升龙图》　　　　　　　　图 4　黄羲《云龙图》

条简洁。云龙图多为墨本，设色作品较为少见。以蓝色与赭石这样大胆的色系搭配绘画龙身，多见"海派"画家为之。黄羲字可轩，号大蜚山人，福建仙游人，是近现代中国美术界著名的学者型画家、写意人物画家、美术教育家。他以"画童"身份随画家李耕学画，1921年考入上海美术专门学校，得校长刘海粟器重，1930年应聘上海美术专科学校，开始任教。1957年他应潘天寿院长之邀，入职浙江美术学院，教授中国人物画技法，并潜心艺术理论研究[12]。

另一件《云龙图》（图5）是北京市文物交流中心的珍贵藏品之一，由著名国画家、书法家、美术理论家潘天寿先生创作。潘天寿作为中国近代艺术大师，对近现代中国画的发展

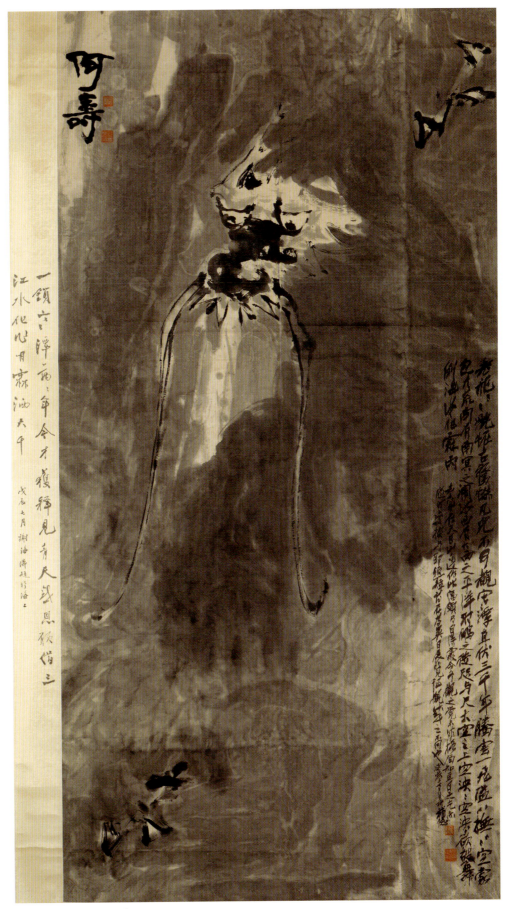

图5　潘天寿《云龙图》

具有深远影响。他喜作巨幅，这件云龙图也不例外。这件作品的尺幅超过 17 平尺，既大且精，无论笔墨技法，还是龙的形象刻画，都有着大师级别的艺术水准。画面意境古朴肃穆，仅画出龙首和两只龙爪，正所谓神龙见首不见尾。大写意手法更显纵横墨气、积淀深厚，气势恢宏磅礴。

潘天寿在民国期间先后任上海美术专科学校、新华艺术专科学校、杭州国立西湖艺术院教授、国立艺术专科学校校长。中华人民共和国成立后，历任浙江省文联副主席、浙江省美协副主席、中国美院华东分院副院长、浙江美院院长、中国美协副主席，并被聘为苏联艺术科学院名誉院士。他擅长写意花鸟画和山水画，并精于指画，编有《潘天寿画集》《潘天寿书画集》，著有《中国绘画史》《中国书法史》《治印丛谈》《听天阁画论随笔》《顾恺之研究》等[13]。

与龙有关的典故是龙纹饰绘画的重要题材之一。马岐所作的《探骊得珠》（图 6），便是以"探骊得珠"为题进行创作的。这个典故出自《庄子·列御寇》："取石来锻之。夫千金之珠，必在九重之渊，而骊龙颔下，子能得珠者，必遭其睡也。使骊龙而寤，子尚奚微之有哉？"骊，古指黑龙。在黑龙的颔下取得宝珠，原指冒大险、得大利，后常比喻文章含义深刻、措辞扼要，能够得到要领。

画中绘一条黑龙，身躯盘于巨石之上，四周波涛汹涌，天空乌云低沉，龙爪中一颗红色丹珠显得格外瞩目。画家通过颜色的对比，突出了绘画主题——龙珠，给观者以强烈的视觉冲击力，引人入胜。画面右上部题："探骊得珠，甲申九月龙宾室主马信生绘。"作者马岐，字信生，别署龙宾室主，晚清民国画家，擅长飞龙猛禽，亦擅人物，形神兼备，畅游于画坛。

梁鼎铭以"罗汉降龙"典故为题创作的《设色龙》（图 7），画面上部神龙隐匿于层云之中，与中部的红衣罗汉隔空对峙，两棵松树一上一下，宛如神龙盘绕山峰，一飞冲天，下部绘制耸立山峰。画面整体构图层次分明，采用设色写意手法，用色沉稳内敛，笔墨纵横，耐人寻味，具有极强的观赏性。佛教和道教中都有降龙的故事，南朝梁慧皎《高僧传》卷十记载："能以秘咒咒下神龙。"这个典故指用法力降服神龙，后比喻有极大的能力。

画家梁鼎铭，原名协荣，别署战画室主，广东顺德人。1925 年任黄埔军校《革命画报》主编，1934 年任中央军校高级教官，绘成《南昌战绩图》《济南战景图》《一·二八战役图》等。1943 年任军事委员会桂林行营少将顾问，东北中正艺术专科学校校长。1948 年到台湾省。1959 年 3 月 1 日病故。作为少有的军旅画家，他曾绘成许多反映北伐及抗战史实的大型艺术图画，编著有《三民主义艺术论》《战画室主自传》等[14]。

三、清末民国时期龙纹饰的造型与绘画题材

清末民国时期龙纹饰的造型已经形成固定样式，鲜有发生形貌变动。在瓷器、杂项、绘画、建筑上的龙纹饰图案都已经有了使用规范。随着清政府统治力衰弱，清末社会日益动荡，国家实力下降，百姓生活困苦，各行各业都受到了影响，艺术品的工艺及品质也严重下降。这种情况在龙纹饰图案上表现得尤为明显，直到民国时期这种状况才有所好转。

清末，龙纹饰作为皇家的标志被广泛应用于各个领域，不仅是清朝国旗、军旗的主要图案，而且在皇族服装、日用器具、宫廷建筑等领域也被大量使用。龙纹饰与皇权结合后，龙纹饰的使用有了更加严格的规制，清政府对于民间使用龙纹饰有很多限制。比如五爪龙纹作为皇族特有的

图 6　马岐《探骊得珠》　　　　　图 7　梁鼎铭《设色龙》

图8　无款《龙虎斗》

标志，严禁民间私自使用。而民间将画有五爪的龙称为龙，画有四爪的龙则称为蟒，龙爪的数量标志着使用者的身份地位。当然，只要是符合规制的龙纹饰，民间还是可以使用的。

龙纹饰图案发展到清末民初已经极为完善，在构图、寓意、线条等方面超越了以往。龙纹饰会配合其他吉祥纹饰使用，"常见的有立龙、海水龙、莲池龙、云龙、螭龙、团龙、戏珠龙、翼龙等。在装饰技法的表现上，则以绘画为主，并分刻划、印花、贴塑等不同技法"⑮。

云龙图多以水墨创作而成，宋代画家陈容开创水墨画龙之先河，元汤垕《画鉴》称其"深得变化之意，泼墨成云，喷水成雾，醉余大叫，脱巾濡墨，信手涂抹，然后以笔成之"。陈容的墨龙可谓天下第一墨龙，后世画家画云龙图时纷纷效仿。这种题材以龙为主要描绘对象，画面的构图都是为了衬托云中之龙。水墨晕染出厚重云层，龙的身体在云中若隐若现，营造出神龙见首不见尾的神秘效果。

中国的神话中龙拥有行云布雨的能力，通常会与雨水相伴出现。因为云龙图在道教中有祈雨的作用，所以云龙图也可归为道释题材。

史书记载，旱灾发生时，官府或民间常组织百姓到龙王庙祈雨。在道教的祈雨仪式中，也会借用云龙图作为重要道具。同时，在道教中龙也有保佑仕途顺利、金榜题名之意[16]。

与龙有关的典故作为创作题材，有画龙点睛、二龙戏珠、龙争虎斗、龙凤呈祥、鱼龙幻化等等。这类题材中，龙一般会与其他描绘对象共同组成画面内容（图8）。这类题材多出现在清代与民国时期，以设色作品为主。这些作品都是龙文化的具体表现，有的祈求祥瑞和风调雨顺，有的祈求驱邪避凶。这些作品注重表达图画的寓意，通过绘画的手法，将人们熟知的成语典故以更加感性直观的方式表现出来。

四、结论

本文以北京市文物交流中心部分龙纹饰绘画藏品为例，更加直观地展现了清末民国时期的龙纹饰绘画。清末的龙纹饰绘画，绘制技法已至为纯熟，但是对于龙纹饰图案的创新却进入瓶颈期，基本按照宋代以来"三停九似"理论进行绘画，没有形成独特的时代风格。民国时期，东西方文化碰撞、融合，龙纹饰绘画在图案绘制、题材选取等方面有了一定发展。这一时期出现了一批融汇东西的画家，他们不仅有深厚的国学功底，而且接触到了很多西方文化思想，这有利于激发创作灵感。西方的绘画技法也为创作者带来更多选择，有助于形成独特的艺术风格。

龙作为中华民族的信仰图腾，在国人心中极为神圣。作为中华儿女，我们有义务讲好龙文化的故事，让龙文化传承发扬下去。

（作者单位：北京市文物交流中心）

注 释

① 蒋文光主编《中国历代名画鉴赏》上册，北京：金盾出版社，2004 年。
② 李淞：《中国道教美术史》第一卷，长沙：湖南美术出版社，2012 年。
③ 黄恰：《从观念角度入手的宋代龙画研究》，鲁迅美术学院硕士学位论文，2023 年。
④ 吴康主编《中华神秘文化辞典》，海口：海南出版社，1993 年。
⑤〔宋〕董羽：《画龙辑议》，〔明〕唐寅辑《六如居士画谱》卷三，黄宾虹、邓实编《美术丛书》二集第九辑，杭州：浙江人民美术出版社，2018 年。
⑥〔宋〕郭若虚：《图画见闻志》，成都：四川美术出版社，1986 年。
⑦ 黄恰：《从观念角度入手的宋代龙画研究》，鲁迅美术学院硕士学位论文，2023 年。
⑧ 郑军、徐丽慧编著《中国传统龙纹艺术》，北京：北京工艺美术出版社，2012 年。
⑨ 门捷：《明清时期龙纹形式特征探析》，西安工程大学硕士学位论文，2015 年。
⑩ 黄恰：《从观念角度入手的宋代龙画研究》，鲁迅美术学院硕士学位论文，2023 年。
⑪ 周林生主编《近现代绘画》，石家庄：河北教育出版社，2012 年。
⑫ 刘瑞轩、吴三元主编《中国当代书画家大辞典》，济南：黄河出版社，1990 年。
⑬《宁波词典》编委会编《宁波词典》，上海：复旦大学出版社，1992 年。
⑭ 尤小明主编《广西民国人物》，南宁：广西人民出版社，2008 年。
⑮ 黄恰：《从观念角度入手的宋代龙画研究》，鲁迅美术学院硕士学位论文，2023 年。
⑯ 张毓秀：《广东省博物馆藏陈容〈云龙图〉鉴定及涵义探析》，《艺术教育》2021 年第 8 期。

瓷器上的龙纹饰研究

以北京市文物交流中心藏清代民窑文房清供瓷器为例

吴文强

龙作为中华民族的图腾与精神象征，其形象经过了漫长演变，以各种形式出现在文房清供瓷器上。传统的中国文人非常重视"心性"的培养，拥有较高精神追求，因此非常看重文房趣物带给自己的精神愉悦，拥有龙纹饰的文房瓷器是其高雅生活态度的体现。本文以北京市文物交流中心（以下简称"中心"）藏清代民窑文房清供瓷器为主要研究对象，在梳理龙纹饰产生、演变过程的基础上，简述中心藏以螭龙纹、夔龙纹、云龙纹、双龙戏珠纹、鱼化龙纹等各类型龙纹饰为装饰的清代民窑文房清供瓷器。这些瓷器种类丰富，制作精巧，寓意吉祥，揭示了清代精品民窑中带有龙纹饰的文房清供瓷器的工艺特色和艺术内涵，极具收藏价值。

一、龙纹饰的产生

（一）图腾崇拜

龙在传说中有多种类型，常见的形象为角似鹿、头似驼、项似蛇、眼似兔、腹似蜃、鳞似鱼、掌似虎、爪似鹰、耳似牛。龙是中华民族最具代表性的象征之一，其诞生与远古先民的图腾崇拜有关。图腾，意指部落的来源、祖先的性质等，是远古先民最早的崇拜对象。龙图腾的出现可视为一种兼并与融合了许多弱小部族图腾形象的结果，其形象的演化也深受中国大一统进程和不同时期多元文化整合等因素的影响。因此，龙图腾在中国传统文化中具有很高的地位，各种类型的龙纹饰由龙图腾演变而来。

（二）陶瓷器上的龙纹饰起源与演变

龙纹饰早在新石器时代就已经出现在了陶器上。目前发现最早的龙纹饰陶器是在甘肃省甘谷县出土的仰韶文化红陶双耳壶。在内蒙古、河南、山西等北方地区的新石器时代晚期遗址中也出土了一些与龙有关的陶器，例如龙纹彩陶罐、盘等。这一时期龙形象的突出特点是鳄头、巨口、卷鼻、突目、双耳或鳄身，也有蛇躯、鳞身、桃形或三角形蛇状头，或四爪、双目、旋翅式双眉、人目等，皆与后世形象相去甚远。新石器时代晚期的龙纹饰属于前龙阶段，又叫夔龙期，以仰韶文化、大汶口文化、龙山文化、红山文化等遗址出土的龙纹饰器具为代表，龙形象被认为是以鳄、蛇为原型演化而来的[①]。

到了商代，模糊而原始的龙形象逐渐清晰，并产生规范。人们从各类动物中选择某一部分重新组合成为一个新的整体，作为龙的形象。龙标志性的两只角出现了，这样的龙又常被称为"真龙"。龙的形象复杂而多变，被认为具有神秘的能力和通天的本领。在目前有关龙的论述中，鱼、马、鹿、蜥蜴、蛇等动物纹饰多被认为与后世的龙纹饰有某种相似之处。商代虽未发现龙纹饰陶器，但龙纹饰在青铜器、骨器、玉器上作为一种重要装饰纹样，为之后龙纹饰在瓷器上的绘制打下了基础。可以说，不同的时代审美、民族及地域风俗，演变出了不同的龙纹饰样态。

二、瓷器上龙纹饰的演变

（一）秦汉至隋唐时期——龙纹饰瓷器的发展期

秦汉，龙纹饰形象千姿百态。从秦汉时期的空心画像砖上可以看出，龙的造型已成熟，龙的主要特征是双翼美而长。进入到应龙期，龙的外形常见长脸，无须，吻尖长，鼻、眼、耳皆小巧，突起的前额，眉弓高耸，牙齿锐利，有独角或齿状双角，颈细腹大，尾部尖且长，四肢表现得很强壮。这一时期的龙纹饰在青瓷和白瓷上多以范印、堆贴、捏塑等方式出现，例如三国时期吴国的青釉贴花翼龙纹瓷器、南北朝龙柄鸡首壶等，皆能看到龙纹饰在这一时期的演化。

隋唐时期，中国封建社会逐渐发展到鼎盛时期，龙的形象也从应龙期进入了黄龙期，开始出现须、肘毛等细节，躯体变形拉长成为蛇躯鳞身，龙翼化为火焰，从前足肩部飞腾起来，可以说在造型上已经基本稳定。这一时期有坐龙、团龙、升龙、降龙、盘龙、腾龙、飞龙、戏珠龙等不同姿态的龙纹饰，民间亦有"龙凤呈祥"等吉祥图案出现。龙纹饰在瓷器上的应用日渐普遍，隋代白釉龙柄鸡首壶、唐代青釉凤头龙柄壶等皆为龙纹饰瓷器的代表。龙纹饰造型体现了唐代以肥润为美的主流审美，龙身是健壮的蛇体，眼睛从圆眼、三角眼变为美丽的凤眼，反映了唐代佛教、道教昌盛时人神沟通的宗教思想。

（二）宋元时期——龙纹饰瓷器的兴盛期

宋代是封建社会经济文化相对繁荣的时期，此时龙纹饰很普遍，有刻花、贴花、划花、印花、彩绘等各种装饰手法。龙纹饰发展到宋代，其形体已基本定型，从北宋磁州窑出土的龙纹瓶、长颈撇口龙纹瓶来看，宋代瓷器上的龙大多独龙充盈、头大颈粗、体状如熊、四肢粗硕、指甲如刀，满身布满鳞片，独角，具有厚重感。龙体为蛇形，唐代龙身的网状纹变成鱼鳞纹，以锋利的鹰爪代替了唐代的兽爪，肘毛较长而且呈曲线状。宋代龙纹饰中的龙张牙舞爪，有一种冲天的威武之气[②]。

元代瓷器上的龙纹饰有堆贴、釉上彩绘两种，大多呈长蛇状且弯曲，身体似蟒，体态轻盈矫健，有鱼鳞纹，头小细颈，下唇似如意状，舌小如戟状，显得强劲而凶猛，极具杀伤力，有向唐朝灵动状态回归的趋势，也为之后明清瓷器上的龙纹饰形象奠定了基础。元代瓷器上的龙纹饰常与祥云、海水相伴，呈现多条龙翻江倒海之势。龙纹饰作为封建帝王的象征，也由此发端。

（三）明清时期——龙纹饰瓷器的全盛期

明清时期的龙纹饰瓷器进入了全盛期。明代统治者对龙纹饰实行垄断，凡带有龙纹饰的瓷器大多为官窑瓷器。由于龙纹饰被视为封建皇权的象征，所以龙纹饰形态的变化与王朝兴衰、皇帝个人喜好有紧密联系。明早期龙纹饰传世品不多，在南京明故宫遗址出土的洪武白釉红彩龙纹盘，显示出了"猫脸龙"的形象，龙之体态与元代龙纹饰相似，头部较大，角软弱，无鬣毛，圆形猫脸。永乐、宣德年间国力日渐强大，皇权不断巩固，瓷器上的龙纹饰也成为皇权至上、国力强大的象征。这一时期龙纹饰中的龙形象高大，四肢强健，威武凶猛，龙首比元代更大，龙嘴如猪，俗称"猪嘴龙"，角如刀切般齐整，鬣毛丰满，很有神威，龙爪趾甲呈三角形，锋利刚劲，形象生动而凶猛。明中期成化、弘治年间，明朝的国力在土木堡之变后逐渐衰弱，龙纹饰形象已从凶猛转向俊美。正德年间的瓷器出现了插上翅膀、翱翔天空的龙，这与正德皇帝喜好武功有关。嘉靖皇帝好道，其统治时期瓷器上的龙大多龙首扁长，上唇呈如意状，龙爪松散呈风车状，躯体由立体扭动转为平面动态，嘴似张而不能合，形态多为游龙状，表现出性情温顺的神态。明晚期万历、崇祯年间，瓷器上的龙纹饰虽然多种多样，但仍以游龙居多。龙的神态由嚣张变为恐惧，后肢有逃脱之感，身形比例缩小，空间感失衡，强悍内质消失殆尽。崇祯年间龙纹饰中的龙老态龙钟，毛发细弱，观之如雪，苍老而无力。

明清交替之际社会巨变，龙纹饰瓷器制作者在动荡不安的社会环境中，往往对"上意"揣摩不透，所以绘制在瓷器上的龙纹饰半遮半掩、云里雾里。清代瓷器的龙纹饰日趋繁复，有的单独作为纹饰，有的与其他纹饰配合使用，常见的有云龙、海水龙、立龙、莲池龙、螭龙、戏珠龙、团龙、翼龙等。在装饰技法上以绘画为主，亦有刻划、印花、贴塑等技法。康熙、雍正、乾隆三朝是清朝鼎盛时期，这一时期的龙首发生很大变化，呈现下颚比上颚长的样子。康熙时期龙纹饰中的龙具有凶猛之气，表现为龙由天降、虎视眈眈，龙的额头高起，上颚短于下颚，舌伸出下垂，舌尖部上卷，长颈短鬣，鬃发分束向后，龙须细长而圆曲，蟒身多扭曲，四肢伸展有力。雍正时期龙纹饰的凶猛之气逐渐淡化，体态肥硕、四肢粗壮、五爪精美。乾隆时期的龙纹饰造型千姿百态、蔚为大观，显得华贵精巧、富丽堂皇，龙的尾部稍微卷起并较秃，尾鳍呈放射状张开，鳞与腹甲整齐匀密，并影响后代。嘉庆、道光时期，瓷器上的龙纹饰尚残留盛世景象。咸丰以后，在民窑器物上出现了五爪龙纹，但仅限于仿古瓷。光绪时期龙纹饰中的龙则有气无力，仿佛肢体麻痹，龙颚下垂，不再有威严形象。这一时期民窑龙纹饰较为丰富，有云龙、海水龙、火珠龙、正面龙、团龙、螭龙，更有前朝少见的龙虎斗，由于不受拘束，亦有神采飞扬的精品。民国时期的龙纹饰画风粗糙，整体呈现老态龙钟之相，眼神麻木无神，肢体无力。在龙纹饰的绘制中，官、民窑的差别也较大。五爪龙纹严禁民间使用[3]。此外，一般来讲，官窑的龙纹饰绘制工整仔细，鳞片清晰，且全身毕现，有时失之刻板。而民窑中的龙头部较大，身体变形很夸张，而且极少表现全身，绘制粗率潦草。但是民窑作品因不受约束，也出现不少精品，例如下文介绍的几件中心藏民窑龙纹饰清供瓷器，其龙纹饰绘制精美、有气势。

三、清代民窑文房清供瓷器

文房清供是中国传统文房辅助用具的泛称，也叫文房杂器，是文人创作、把玩的对象，种类繁多，如砚滴、水丞、笔筒、臂格、印章、墨盒、香炉、笔掭、印泥盒、裁刀、糊斗、镇纸、文具箱等。所用材质也多种多样，如竹、木、牙、金、银、铜、瓷、漆、玉、石、琉璃、玛瑙等[4]。

文房清供历史悠久，"清供"一词，始于唐代，经过千年的发展，据屠隆《考盘余事》记载，明代文房清供已多达45种。这些文房清供与文房四宝一起，构成了"笔耕丹青"的必要条件，成为文人书房中不可或缺之物。明万历年间高濂的《遵生八笺》第六笺"燕闲清赏笺"上卷序中描述："虽咽水餐云，亦足以忘饥永日，冰玉吾斋，一洗人间氛垢矣，清心乐志，孰过于此。"⑤表达了文房清供对修身养性的神奇作用，由于具有诸多功能，明代后期文房清供越来越广为人知，可以说明代创造了文房清供前所未有的辉煌。清代文房用品已经一应俱全，所制作的器物高雅精致，登峰造极。文房清供的繁荣受康熙、雍正、乾隆三朝皇帝喜好的推动，三朝皇帝学识渊博、爱好艺术，并鼓励工艺美术制作，所以此时文房清供的精品以宫廷制作为大宗，他们也将文房清供作为治世教化的道具，将文房清供赏玩鉴藏的风气推向了顶峰。官窑不惜工本地追求精细的风气对民窑产生了深刻影响，大量地效仿官窑产品、仿制前代名瓷成为此时民窑生产的最重要内容。官搭民烧广泛推行，民间窑场也可以生产供应皇室使用的御用细瓷，官、民瓷器同出一窑的现象十分普遍，民窑声誉大增。窑户们为得到官窑的青睐，以获取更大的利润，会全力提高产品的质量。瓷土选料之精细，烧结火候之适度，瓷器胎釉之精纯，均超过以往任何一个时期，在技法上更加精致。他们在完成官派定额之后，烧制高档商品瓷供应市场⑥。

中心现藏绝大多数民窑瓷器来自20世纪50年代以后的上级单位调拨、市场收购和个人捐赠等。中心所藏民窑瓷器内容丰富，种类较为齐全，基本囊括了清代历朝主要品种的典型器、标准器。下面精选几种清代民窑以螭龙纹、夔龙纹、云龙纹、双龙戏珠纹、鱼化龙纹为装饰的龙纹饰清供瓷器为例，介绍清代民窑文房清供瓷器的制作水平和时代特点。

（一）螭龙纹文房清供瓷器

在文房清供中，将水盂唤作水丞，源自著名隐士林和靖的七世孙林洪。林洪和先祖一样，一心要做一个雅人。他编了一部《文房职方图赞》，给18种文房器物——拟出姓氏、名、字、别号、官职，并配以图和赞语。其中，水盂姓潜，名中含，号玉蟾老翁，官职为水中丞，简称水丞。后世传叫开来的，只有水中丞一个名字。宋代之后，随着砚台式样的变化，砚台能容纳的墨汁量变少，为保障书写的需要，经常要往砚中添水，明清时期，兽类衔杯式的水滴已经很少见于书斋，取而代之的，是水注和水中丞⑦。水丞的作用更偏重创作前的聚神与把玩，之所以用小小的水丞贮水，用小小的铜勺舀水，是因为水丞可以帮助文人酝酿雅兴和沉淀创作前的心境。水丞不仅能够助人息心养性，"一洗人间氛垢矣，清心乐志"，还可助文思，"几案之珍，得以赏心而悦目"。

螭龙纹是一种传统的装饰纹样，这种纹样的特点是与龙纹相似但又有所不同，因此有时被称为"螭虎龙"。螭龙纹通常描绘的是古代传说中的一种动物，属于蛟龙类。它的形象盘曲而伏，称为蟠螭，身体较为粗壮，有的时候还会表现出双尾的形态。螭龙纹的产生可以追溯到商周时期的青铜器。螭龙纹作为纹饰出现在瓷器上始于宋代。晚明民窑器物上大量出现螭龙纹，图案化倾向特别明显，并且表现出了丰富的艺术魅力和神采，清代瓷器上的螭龙纹有蟠螭纹、团螭纹、双螭纹，表现手法有绘画、贴塑。康熙螭龙纹写实与抽象并存，造型规整，双尾高扬，神采飞扬。雍正螭龙纹造型生动，龙身多盘曲。乾隆螭龙纹体态变得浑圆。嘉庆螭龙纹细节表现真实。道光螭龙纹龙爪细长，毛发披散。光绪螭龙纹在绘画技巧上虽不能同前朝相比，但也在清晚期占有一定的地位，写实细腻，龙爪威武有力。下面介绍两件以堆塑为装饰手法的螭龙纹瓷器。它们身形毕肖，张口欲吞之状极具艺术感染力，堪称光绪民窑中的精品。

1. 素三彩堆塑螭龙纹水中丞（图 1）

此件素三彩水丞口沿部盘卧着一条褐色螭龙，以堆塑装饰，工艺讲究，器身为六边形圆口水丞，以素三彩装饰，色彩搭配沉静雅素，既不失富丽之态，又更显成熟稳重之气。素三彩瓷器出现于明万历年间，清康熙时期和乾隆时期较盛行。康熙以后，素三彩只有个别品种，如黄地绿、紫彩云龙纹盘作为传统品种延续生产，从康熙到光绪，一直从未间断。光绪朝对康熙素三彩有较多的仿制，最有名的仿品是署"储秀宫制"款的黄地三彩云龙纹大盘、白地素二彩花果暗龙纹大盘等。这件素三彩水丞是一件素三彩瓷的特殊品种，也被称为"虎皮三彩"，其釉面由黄、紫、绿、白色斑块浸晕而成，好像斑驳的虎皮。《陶雅》这样描述："以茄、黄、绿三色晕成彩斑，曰虎皮斑也。法国人初颇嗜之，此素三彩之权舆也。近日素三彩腾踊百倍，以怪兽为上，人物次之，花卉又次之，而所谓虎皮斑者，转致无人问津。"可见在虎皮素三彩水丞上堆塑螭龙小兽是弥足珍贵的，螭龙写实细腻自然，造型逼真生动，细节处理得一丝不苟，为清晚期光绪民窑的精品。

2. 炉钧釉堆塑螭龙纹水中丞（图 2）

炉钧釉瓷器特指钧窑中采用炉钧技法制作的瓷器，特点在于其釉色变化丰富，通常呈现出深浅不一的蓝色、紫色、红色、绿色等，这些色彩相互交融，形成犹如晚霞、云雾、山水画般的自然景观，因此有"钧瓷挂画"的美誉。它在中国古代瓷器中占有重要地位，不仅在古代受到皇家和贵族的喜爱，而且在当代也备受收藏家和艺术爱好者的青睐，具有较高的艺术价值和收藏价值。

图 1　素三彩堆塑螭龙纹水中丞

这件炉钧水丞釉面呈蓝绿相间的麻点纹，在素坯上底喷翡翠（以氧化铜着色的粉彩颜料），面喷广翠（以氧化钴着色的粉彩颜料），釉中含有粉剂，故而釉厚不透明。釉面开细小纹片，肩部堆塑螭龙，栩栩如生，器物平面呈圆形，小巧精致，体现出不事雕琢、追求清丽秀挺的审美风格。它以其清新淡雅的色泽和质地，表达了儒家文化中提倡的"美德如玉"的君子风范。这种特质体现了儒家对于美的追求和对品德修养的要求。

图 2　炉钧釉堆塑螭龙纹水中丞

（二）夔龙纹文房清供瓷器

在文房清供瓷器中，炉，尤其是香炉，扮演了一个非常重要的角色，香炉不仅是文人书房中的实用器物，更是文化品位的象征。在中国历史上，香炉的使用可以追溯到春秋战国时期，但它在文人的书房中成为常见物品则是从宋朝开始的。宋代文人普遍喜欢在书房中熏香，因此，适合文房使用的瓷制香炉开始流行起来。这些香炉体积较小，更符合文人的实际需求，也体现了文人的审美趣味和文化追求。

夔龙纹是一种传统的装饰纹样，又称花式龙、香草龙，常见于古钟鼎彝器等物上，在明清景德镇瓷器上尤其流行。夔龙在古代传说中是一种奇异的动物，似龙而仅有一足。夔龙纹的出现可以追溯到商周时期的青铜器，当时的白陶因造型和纹饰模仿青铜器，也常印有夔纹装饰。夔龙纹的特点包括其独特的形态和构图，多为张口、长身、尾部上卷、身下一足，主要以单独纹样或二方连续式样出现。凡是一只足的类似龙的形象，都称之为夔或夔龙。在宋元时期，夔龙纹已在瓷器上出现。直至明清时期，成为瓷器上龙纹的常见样式。分为写实派与图案派两种，写实一派还有一些龙的样子，而图案一派则在似是而非之间。明代的夔龙纹始于宣德年间。景泰民窑夔龙纹中的夔龙头呈方形，龙目圆睁，后半部层次较多，不清晰。成化官窑夔龙纹精湛细腻，尾部繁缛并卷起，层次变化多。成化民窑夔龙纹写意色彩浓。清代夔龙纹工整有余，气势不足。康熙夔龙纹表现技法呈多样化，不仅有绘画，也有暗刻，既有写意亦有写实。康熙官窑龙首写实，纹饰密布但不拥挤。雍正官窑纹饰写实派与写意派共存，但较康熙朝细腻，龙首突出；民窑龙爪有力，首尾不明显，略显杂乱。乾隆官窑图案化倾向明显，龙首简单，但重在点睛；民窑躯体臃肿，龙尾卷曲，强调连续性构图。嘉庆官窑绘工精致，构图新颖，注重细节，民窑纹饰繁满，但不拥挤。道光官窑为几何形构图，线条硬朗，民窑风格与官窑接近，也多为几何形构图，但绘工不精。

中心藏青花夔龙纹三足炉（图 3），装饰精美，口沿饰连续不断的回纹，圆鼓腹，腹中间绘首尾相连的多组夔龙纹，下承三蹄足。整体纹饰采用乾隆时期特有的仿永宣点染画法绘制而成，青料发色艳而不俗，层次宛然，特别是腹部所绘青花夔龙纹，具有典型的乾隆时期绘画风格。其上所绘夔龙纹以对称形式出现，以此表现夔龙的身躯。其二方连续式样，使得它在古代艺术品中

图3　青花夔龙纹三足炉

具有很高的辨识度。它不仅在艺术上具有极高的价值，而且在文化和历史上也具有重要意义，体现了清中期民窑清供瓷器精湛的工艺，将实用功能、艺术审美、文化内涵、收藏价值融于一体。

（三）云龙纹文房清供瓷器

笔筒是一种用来放置笔的器具，是文房四宝之外的重要文房用品。其以竹木制在前，瓷制在后。清代是笔筒发展的鼎盛时期，有很多材质，如竹、紫檀木、髹漆、珐琅器、匏、水晶等，瓷制的有青花、五彩、粉彩、三彩等各种颜色釉装饰。瓷器笔筒作为文房清供，是文人墨客表达自己审美情趣和文化修养的一种载体。它体现了中国古代文人的精神追求和审美标准。

瓷器上的龙纹常与其他纹饰组合，如云龙纹、海水龙纹、正面龙纹、戏珠龙纹。云龙纹始于唐宋时期。明清时期云龙纹作为瓷器上的一种定型纹饰，在构图上以龙纹为主，云纹为辅。龙一般作驾雾腾云状，或在云间起舞。明代洪武的云纹呈风带如意形，或礼花形，而元代盛行的蝌蚪形已不见。永乐的云纹最具特点，有别于以后的历朝，云纹以如意飘带形云为主。宣德的云龙纹开始多辅以"十"字云和"人"字云。万历的云纹多是如意状，并且较粗糙。清顺治云龙纹的云朵外缘加勾轮廓线，形成一圈露白的画法，即勾廓露白的手法，另外云龙纹中的火焰画法也较为特殊，其形状如同二至三个连接在一起的"山"字。康熙基本上以"壬"字云为主，不似明代纤细，民窑多为勾边露白画法。雍正云纹形似如意而且辅助的火焰纹呈连续弧线，乾隆官窑龙纹似康熙龙纹，但辅纹多为长脚如意状云，承袭前朝的"壬"字云，并加以夸张变形，加大了扭曲的力度。嘉庆官窑龙纹饰对传统继承很多，火焰纹类似顺治，云龙似康熙，卷云则似雍正。道光官窑龙纹缺乏精神，其云纹类似顺治，亦有不同，为放射状，而民窑龙纹粗精均有，精者不次于官窑。咸丰民窑云龙纹绘工不精，勾边填白的云纹为其所独有。同治民窑云龙纹刻划简单，特别是云纹勾边留白形如花叶搭配在一起。光绪官窑云龙纹模仿盛世遗风，刻意描绘龙头、龙爪，而云纹则状如灵芝。

这件青花祥云龙纹笔筒是晚清同治时期青花云龙纹瓷器（图4），同治民窑云龙纹的最大特色是作为辅助的云出现了前期不曾有过的卷云纹，该件瓷器造型端庄，直口、直壁，口底相若，造型相对简单，但画工精湛，纹饰线条流畅，其胎质细腻，釉面光滑如镜，色泽白中泛青，青花发色自然。龙纹形象生动，面部和善，它腾跃于汹涌翻滚的海面上，表现出翻江倒海、叱咤风云之势。卷云纹的结构

图4　青花祥云龙纹笔筒

回旋盘曲，云朵的画法采用了勾廓露白的技法，云朵如片片叶子搭配在一起，云纹状如灵芝，象征着吉祥和高升，极具美学价值，可谓文房案头的精品。

（四）双龙戏珠纹文房清供瓷器

双龙戏珠的图案中多见行龙，表现出双龙升降、推让金珠的姿态，金珠在两龙中间舞动。从西汉开始，双龙戏珠图便成为一种吉祥喜庆的装饰图纹，多用于建筑彩画和高贵豪华的器皿、刺绣、织染等。关于双龙戏珠的具体起源，有多种说法。其中一种说法是，它起源于中国古代的图腾崇拜，古代人们相信龙是能够带来雨水和好运的神兽，因此创造了双龙戏珠的图案来祈求风调雨顺、国泰民安。另一种说法是，双龙戏珠起源于佛教文化，其中的宝珠代表着佛教中的智慧之珠，两条龙则代表着菩萨的智慧和方便，共同守护着这颗智慧之珠。双龙戏珠寓意着吉祥、富贵和权力。它作为中国传统文化中常见的图案，深受人们喜爱，代表着人们对幸福、财富和权力的追求。

双龙戏珠纹炉常被用于重大的仪式和庆典中。青花瓷双龙戏珠纹炉是中国瓷器和传统文化的重要代表，它的制作工艺和艺术价值至今仍被人们所赞赏。下面介绍两件中心藏双龙戏珠纹炉瓷器，它们画工精细，是晚清民窑文房清供瓷器的代表。

1. 青花双龙戏珠纹炉（图5）

这件光绪民窑青花双龙戏珠纹炉为钵式，微撇口、鼓肚、无盖，器形较大。炉身装饰有精美的青花图案，青花色泽黑蓝，其中以双龙戏珠为主题，两条龙在炉身的两侧，头部相对，身体盘绕，形成对称的图案。龙的形象威猛而生动，龙头的画法发生了变化，有点类似狮子头，双目如灯，龙须如钩，龙鳞、龙爪等细节都刻画得栩栩如生。龙头上扬，颈部呈"S"形弯曲，背鳍为大小相

图 5　青花双龙戏珠纹炉

间锯齿状。双龙争夺或玩耍的宝珠位于炉身的中心位置，宝珠周围伴有云纹或火焰纹，以增强图案的动感和立体感，在视觉上给人以美的享受。

可以说，这件光绪民窑龙纹炉继承了清代盛世的遗风。2023 年北京翰海春拍的一件清道光官窑龙纹炉（图 6），为钵式炉，造型敦厚端庄，胎体厚重，胎质坚白，釉色清亮，以青花装饰，束颈处绘制一圈如意云头纹，器身通景绘二龙戏珠纹，龙形矫健，其间衬以火云纹，线条勾勒生动，底足书"大清道光年制"六字篆书款。将两者对比，我们不难发现，光绪民窑龙纹炉在胎体、胎质、釉色、龙纹装饰等各个方面不逊于道光的官窑瓷器。道光官窑龙纹炉所绘龙纹饰失去了清盛世时的雄壮之感，龙头披头散发，有形无神，龙虽然张牙舞爪，但一点感觉不到龙的威猛，龙爪过度的夸张反而失去了力量。

2. 冰梅双龙戏珠纹卷缸（图 7）

这件光绪冰梅双龙戏珠纹卷缸呈椭圆形，丰肩、鼓肚、微撇底，造型端庄，为一件案头摆放的佳器。难得的是它有青花冰梅底色。光绪青花冰梅瓷器中，梅花的表现形式多样，有的细腻写实，花瓣、花蕊都刻画得细致入微。这件则是采用写意手法，以简洁的线条和块面表现出梅花的神韵，在双龙戏珠图案中，两条龙采用留白手法描绘得栩栩如生，与青花形成鲜明对比，使整个画面更加生动、立体。龙的形态具有典型的清代晚期龙纹饰特征：整体形态偏苍老，龙目圆睁，有着长长的身躯、鳞片状的皮肤、卷曲的尾巴和角，龙须长而弯曲如钩。两条龙相对而立，展现出龙的力量和灵活性，中间的火珠位于图案的中心，被两条龙争夺或玩耍。这件光绪青花冰梅瓷器的制作工艺精湛，纹样构图严谨，既体现了传统的韵味，又体现了创新的精神。值得一提的是这件民窑冰梅瓷器上出现了五爪龙纹，说明它应该为贵族所用，故而制作工艺和品质极高。如今，光绪青花冰梅瓷器已成为收藏市场的热门品种，具有很高的艺术价值和收藏价值。

图 6　道光官窑龙纹炉

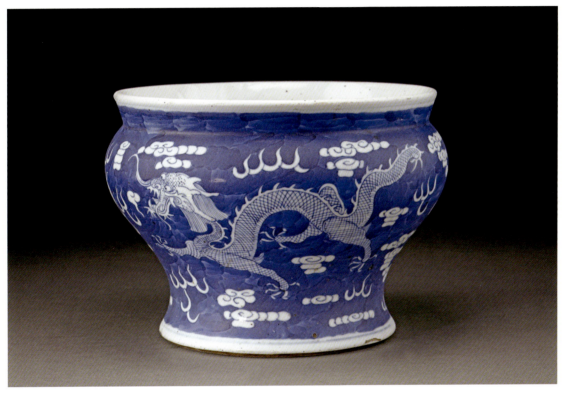

图 7　冰梅双龙戏珠纹卷缸

（五）鱼化龙纹文房清供瓷器

鱼化为龙，古喻金榜题名。鱼龙变化成为吉祥图案并被广泛接受是在科举制度推广之后，民间认为在黄河中逆流而上的鲤鱼，到壶口瀑布时，凡能激发勇气跳过龙门者就可以脱胎换骨，从鱼化龙。它亦是一种"龙鱼互变"的形式，这种形式中国古代早已有之，从历代民俗、传说衍变而来，其历史悠久，可追溯到史前仰韶文化半坡类型时期的鱼图腾崇拜。鱼化龙是中国传统的吉祥寓意图案，在陶瓷、玉雕、木雕和绘画中都非常常见。在中国传统文化中，鱼和龙都有特殊的

图 8　青花鱼化龙纹炉

象征意义。鱼在水中游动，代表着富贵和丰盛，因为在汉语中，"鱼"和"余"谐音，常被用来象征富贵有余。而龙在中国文化中一直是一种崇高的象征，代表着权力、威严和尊贵。

这件光绪民窑青花鱼化龙纹炉（图8），呈筒子形，十分精巧规整，胎质细腻，以青花为装饰手法，青花发色艳丽，主题纹样为"鱼化龙"，描绘了鱼跃龙门、变化为龙的瞬间。器物上可见一条鲤鱼在波涛汹涌的水中奋力跃起，其头部尚保持鱼的形态，而尾部已经变化出龙腿和爪。海水极具层次感，游龙姿态生动，整体画面构图严谨。清代康雍乾三代瓷器上的鱼龙纹，多见绘制一龙一鱼，鱼从水中跃起，龙在水面之上。这件光绪鱼化龙纹炉的纹饰风格和画法已去三代甚远，龙头藏在海水波浪中，不见全身，只露出化形的腿足，给人无限遐想。清代是中国封建制度最严密的朝代，对龙纹饰的使用相当严格，五爪龙纹严禁民间使用，三爪和四爪龙纹虽然可以使用，但主要以供器为主。如在瓷器中出现的"鱼跳龙门"图案，虽鱼化为龙，但也只能是四爪，意为虽然跃过龙门也只是草龙一条。

四、市场调研分析

2023年的中国文物艺术品拍卖市场整体表现出了恢复和增长的态势，文房清供板块强势发力。据中拍协艺委会发布的《评述》，2023年15家公司共上拍文房清供4501件（套），成交3551件（套），成交额5.97亿元，成交额较上年增长88.02%，成为年度内增幅第二大的板块。可见文房清供的收藏投资前景可观，未来可期。以北京翰海拍卖的一件清代龙纹饰文房清供瓷器为例，在2023年春拍上，清道光官窑龙纹炉（见图6）预计成交价为10万元至12万元，最终以69万元成交，反映了龙纹饰清供瓷器良好的市场行情。北京市文物交流中心藏龙纹饰民窑清供瓷器虽然在艺术价值、经济价值上无法与拍卖市场上的官窑相提并论，但是民窑瓷器最适合大众收藏，有很大的升值空间，为配合喜迎甲辰龙年，北京市文物交流中心在2024年春节特别推出龙纹饰系列展销会，特调拨百余件装饰龙纹饰的瓷器、玉器和杂项文物商品在敦华斋瓷杂经营部展销，吸引了不少瓷器爱好者，短短五天，文房清供龙纹饰瓷器售出80%，大众藏家的认可度极高。上述的七件龙纹饰民窑瓷器就是这次的展品，它们既有一定的经济价值，又有研究价值，精巧的龙纹饰文房清供瓷器不仅体现着当代文人雅士对高级审美情趣的追求，对于许多大众藏家来说，它们还能带来审美上的愉悦和情感上的满足，拥有美丽的藏品本身就是一种奖励。

五、结论

　　龙纹饰瓷器是中国陶瓷艺术的重要组成部分，也是中国传统文化和审美观念的重要载体。龙纹饰往往与皇权、神权相关联，因此不同时期的龙纹饰形态深受这一时期社会制度、文化习俗、皇权盛衰、国家兴亡、审美趋向等因素的影响。唐代的龙清秀灵动，宋代的龙气势轩昂、威武神秘，元代的龙的矫健威严、大气彪悍，明代的龙雄伟端庄、威风凛凛，清代的龙华贵精巧、富丽堂皇。龙纹饰瓷器的制作工艺复杂，对技术要求极高，文房清供瓷器也达到了鼎盛，不仅具有实用价值，还体现了丰富的文化内涵和艺术价值。中国陶瓷历史悠久、博大精深，无论原始瓷器、六朝青瓷，还是唐代声名显赫的邢窑、越窑，包括宋元时期著名的定窑、耀州窑、龙泉窑、建窑等，全都属于民窑体系。因此，中国陶瓷的根本是民窑，历史上出现的"官窑"以及明清景德镇"御窑厂"，无一不是在优秀民窑的基础上建立起来的。长期以来，中国古陶瓷研究大多侧重于历代名窑以及官窑，对于民窑特别是时代较晚的清末的民窑，研究的深度和力度还远远不够。因此，本人补充和完善了关于北京市文物交流中心藏清代民窑龙纹饰文房清供瓷器的介绍，通过有限的研究心得和图片资料，侧面揭示了清代民窑清供瓷器的工艺特色与艺术内涵。北京市文物交流中心藏清代民窑文房清供瓷器，只是中国陶瓷发展史中遗留下来的一小部分，但同样承载了深厚的文化内涵和美学价值，也是广大文物爱好者心目中的宝贝，极具收藏价值。

（作者单位：北京市文物交流中心）

注　释

① 蔡健：《中国瓷器之龙纹演变》，《艺海》2008 年第 4 期。

② 尚亚力、徐跃恺、吴增波：《浅议传统瓷器龙纹之演变》，《江苏陶瓷综合评述》2020 年第 3 卷第 2 期。

③ 铁源：《明清瓷器纹饰鉴定·龙凤纹饰卷》，北京：华龄出版社，2001 年，第 10 页。

④ 张荣主编《中国文房四宝全集》第四卷文房清供，北京：北京出版社，2008 年，第 1 ~ 4 页。

⑤ 王文祥：《文房清供》，北京：中国文史出版社，2010 年，第 3 页。

⑥ 王建华主编《故宫博物院藏清代景德镇民窑瓷器》卷一，北京：故宫出版社，2014 年，第 5 页。

⑦ 侯荣荣：《中国古代文房趣尚》，北京：人民文学出版社，2019 年，第 45 ~ 46 页。

参考文献

[1] 席小丽：《文房四宝：笔墨纸砚里的雅事》，北京：五洲传播出版社，2021 年。

龙的起源探究和意义分析

孙立超

龙对中国人来说，意义深远而丰富，它是中华民族的象征，承载着中国几千年的历史和文化。龙是十二生肖里唯一的神兽和虚拟形象。但很多人认为古人不可能单独创造一个不存在的东西列入十二生肖，所以龙应该是一种真实存在过的动物。例如在《山海经》中，龙被视为一种神秘的动物，形象多种多样，具有善变和难以预测的特性。这些文献记载中的龙，往往被描述为一种具有强大力量的动物，能够带来雨水、洪水等自然现象，有时也会被描绘成吃人的怪兽。被人们描述成吉祥的神兽名叫应龙，它是一种能够带来雨水的龙，有翼，能够飞行。应龙曾帮助大禹治水，是正面形象的神兽。凶猛的怪兽名蛟龙，是一种生活在水中的龙，通常被描绘为没有角的样子，它能够在水中兴风作浪，引发洪水。还有一些龙与神明有关，如烛龙、雷龙。烛龙被描述为人面蛇身，能够控制日夜更替，其形象与太阳和光明有关。雷龙则是一种与雷电有关的神兽，它被描述为能够在天空中制造雷声和闪电。总之，《山海经》中龙的形象丰富多彩，既有善良的神兽，也有凶猛的怪兽，这些描述不仅是对自然界中未知动物的夸张和想象，也蕴含了古代人民对自然力量的敬畏和崇拜。那么这些龙究竟是确有其物，还是古代中国人对自然现象观察后的想象呢？其实要说起龙的起源，说法真是多种多样，涵盖了神话、自然现象、文化传承、历史演变等多个方面。而龙在当代社会中依然是一个多面的象征，它既保留了古代文化中的传统意义，又在现代社会中发展出了新的象征意义，成为一个跨越文化和时代界限的全球性符号。接下来，让我们探查一下龙的起源问题。

一、龙的象形起源

（一）鳄鱼

《左传·襄公二十一年》："深山大泽，实生龙蛇。"这里与蛇共生在沼泽中的"龙"，应为鳄鱼。那个时候文献记载中的龙是不祥之物，并且常常与蛇并称。故而有人认为，那时的龙并不是一种虚构的动物，而是实实在在的动物。这种动物至少有以下特性：1. 在水中或者靠近水生存；2. 多活跃在野外滩涂，生活环境和蛇很像；3. 人们对其态度不那么恭敬，甚至将其看作不祥之物。上古时期的中原大地气候温暖湿润，华夏先民生活的区域有鳄鱼出没。中国古代还有专门养龙的豢龙氏、御龙氏。所以一些学者认为，中国龙的形象可能源自鳄鱼，特别是扬子鳄（图1）。扬子鳄在古代也被称为鼍、鼍龙、猪婆龙。它的半水栖习性、身上的角质大鳞、卵生等特征，与古代文献中对龙的描述有相似之处。例如《左传》和《国语》中提到龙生活在水里，而鳄鱼的生活习性正是如此。此外，鳄鱼长而扁平的身体、大而长的头部、位于头部前端的眼睛、长而有力的尾部、周身的鳞片以及它们在水中若隐若现的动作，都与古代对龙的描绘相符。

图 1　扬子鳄头部

　　古代中原地区确实存在鳄鱼，并且在中国的历史和文化中占有一席之地。鳄鱼在古代中原地区的水域中较常见。气象学家竺可桢的研究表明，从仰韶文化（7000至5000年前）到商代后期，黄河流域的气候比现在更加温暖湿润，适合鳄鱼生存。中原地区的商周时期遗址中常有鳄鱼骨板出土，这些鳄鱼骨板通常被当作陪葬品，可见其珍贵的价值，象征着财富和权力。除了鳄鱼骨外，鳄鱼皮也被用于制作乐器，如鼍鼓，这反映了古人对鳄鱼的重视和敬畏。此外，鳄鱼骨板还可能被用于制作重要的礼器。这些发现表明，在中国古代社会中，鳄鱼及其相关制品具有重要的文化和社会意义。原始的龙纹中包括鳄龙等动物形象。这些早期龙形制品的产生，与自然崇拜密切相关。

　　中国最早的鳄形龙出土于8000年前的兴隆洼文化。在兴隆洼文化中发现的所谓"猪首龙"，被认为实际上是鳄形龙，其中猪头骨用来雕造鳄鱼头部凶猛的形象，陶片、残石器和自然石块用来塑造鳄鱼的身子和尾巴。

　　这些发现表明，古代中国人可能将鳄鱼的某些特征移植到神话中龙的形象上。然而，需要强调的是，龙的起源和演化是一个复杂的过程，涉及自然崇拜、文化传承和艺术创造等多个方面。因此，虽然古代鳄鱼化石的发现为探究龙的起源提供了一定的物质基础，但龙作为文化和神话中的一种象征，其起源和发展远比单一的化石记录要丰富和复杂。

　　在仰韶文化时期的遗址中已经出现了原始的龙纹，这些龙纹与自然崇拜紧密相关。不同地区的仰韶文化中出现了不同形式的龙形象，如鱼龙、蛇龙、鳄龙等，这些形象可能是对现实中鱼、蛇、鳄等自然形象的神格化。西周之后，北方天气变冷，沼泽滩涂变少，鳄鱼逐步在北方绝迹，这就给了后来没见过鳄鱼的人将鳄鱼神化为龙的条件，特别是在太行山以东的地区，考古发现表明，鳄鱼是人们崇拜的对象之一，这可能反映了当时社会对鳄鱼的敬畏。

　　然而，需要指出的是，中国龙的形象和概念非常复杂，其起源和演变可能涉及多种动物形象和文化的融合。除了鳄鱼说之外，还有观点认为龙的形象是由蛇、蜥蜴、马等动物特征融合而成的，或者是基于对天象的观察而创造的。因此，鳄鱼作为中国龙的原型，是众多可能性中的一种。

图2　鱼化龙玉佩

（二）动物转化起源

1.鱼化龙（图2）

鱼跃龙门的故事广为流传，最早出自辛氏《三秦记》，讲述鲤鱼通过不懈的努力，一次次尝试跳跃，直至最终成功的故事。一旦鲤鱼成功跳过龙门，它们就会经历一个神奇的变化，身体逐渐长出龙鳞、龙角和龙爪，最终完全化为龙。后以"鲤鱼跃龙门"比喻中举、升官等飞黄腾达的美事。自明清开始，鱼化龙的故事家喻户晓。人们渴望通过自己的努力改变命运，如鲤鱼逆流而上，纵身一跃，化身为龙，然后可以腾云驾雾、呼风唤雨。尤其是在古代的科举考试中，通过考试被称作"跳龙门"。

2.蛇化龙

蛇在形态上与龙有一定的相似性，身体长而弯曲。《述异记》记载：蛇五百年化为蛟，蛟千年化为龙，龙五百年而为角龙，又千年为应龙。蛇化龙的过程通常被描述为漫长而艰难的。在神话传说中，蛇必须在其生活的水域或山林中修炼，吸取天地精华，同时行善积德，帮助人类或其他动物。经过数百甚至数千年的修炼，蛇逐渐变得强大，身体发生变化，长出角和爪子，最终在一场雷电交加的暴雨中，或是在满月的夜晚，经历最后的蜕变，化为龙。现在看来，这种转化过程其实可以理解成蛇蜕皮的延伸。蛇蜕皮是蛇为了生长和更新而进行的一种自然行为。当蛇的身体变得过大，无法适应原来的皮肤时，它会蜕去旧皮，长出一层新的皮肤。这个过程象征着蛇的重生和变化。在神话传说中，当一条蛇完成了多次蜕皮，在修炼和积累力量后，它的身体会逐渐变得庞大，并且开始长出翅膀和龙爪。最终，它会完全变化为一条龙，拥有巨大的身躯和强大的力量。

3.马化龙

马化龙的记载，可见于《晋书》："太安中，童谣曰：五马渡江去，一马化为龙。"马化龙的故事有多种版本，在一些故事中，特殊的马（通常是神马或具有特殊血统的马）在经历长时间的修炼后，能够化身为龙。这种转化过程往往伴随着神奇的自然现象，如雷电、风雨或光环等。还有一些英雄或圣人的坐骑，因为陪伴主人完成了伟大的事业，最终得到了转化的机会，如《西游记》中唐僧的坐骑白龙马，跟随唐僧完成取经事业之后，由马化为龙。

4.猪化龙

猪化龙的说法，记载于《杨太真外传》中："又尝与夜燕，禄山醉卧，化为一猪而龙首。左右遽告帝。帝曰：此猪龙，无能为，终不杀。"在中国古代神话故事中，猪化龙的故事并不像蛇化龙或鲤鱼跳龙门那样常见，但它们确实存在，并且通常带有特定的象征意义和文化内涵。比如安禄山这条"猪龙"，他与大唐争天下引发了后来的安史之乱。猪虽然可以化龙，但江山易改本性难移，它化作的猪龙是所有龙中最弱的。

除以上四种动物化龙之外还有龟化龙、蚯蚓化龙等。其实不管是鱼化龙、蛇化龙、马化龙、猪化龙，还是其他动物化龙的说法，都反映出中国人对于自然界和生命的理解，以及对于变化和转化的哲学思考。在中国文化中，鱼、蛇、马、猪、龙都是具有象征意义的动物，代表着不同的文化和哲学意义。鱼、蛇、马、猪的象征意义通常是丰饶、繁衍、力量、神秘等等，而龙则是权力、尊贵和吉祥的象征。化龙的故事将两者联系起来，体现了生命的升华和超越，不仅是一个富有教育意义的寓言，也是中国文化和艺术中的一个重要符号。

二、图腾起源说

"图腾"一词来自国外。最早将该词引入中国的是清代学者严复，他于 1903 年译英国学者甄克思的《社会通诠》一书时，首次把"Totem"一词译成"图腾"，成为中国学术界的通用译名。而龙图腾最早是由闻一多先生提出的，他在《伏羲考》中说："龙是一种图腾，并且是只存在于图腾中而不存在于生物界中的一种虚拟的生物，因为它是由许多不同的图腾糅合成的一种综合体。"这反映了古代社会中不同氏族、部落之间的融合和文化交流。他的这一理论对于理解中国龙文化的起源和演变具有重要意义，为后来的龙文化研究提供了重要的理论基础。

古代传说中的人物有很多都是蛇身，比如伏羲、女娲兄妹二人都是人面蛇身。共工是中国古代神话中的一位水神，有时也被描述为蛇身。相柳是中国神话传说中的水怪或蛇神，通常与共工有关，据说拥有九个头，身体像蛇，是古代水灾的象征。

龙的图腾崇拜起源是一个复杂而丰富的文化现象，其历史可以追溯到中国上古的伏羲时代。根据不同的历史文献和考古发现，关于龙的图腾崇拜经历了多个阶段，龙逐渐发展成为中国的重要文化符号。

神灵崇拜阶段：随着农牧业的发展和宗教信仰的形成，龙图腾崇拜逐渐发展为龙神崇拜。人们将龙神化，奉龙为水神、虹神等。上古伏羲氏以蛇为图腾，后来蛇被认为是具有灵性的动物，可以演变为龙。在汉代纬书中，伏羲氏被称为青龙，是青帝。这种转变体现了伏羲氏在龙图腾形成中的主导作用。

龙神崇拜与帝王崇拜相结合的阶段：秦汉时期中国大一统，龙崇拜与帝王崇拜结合，历代帝王自称"真龙天子"，将龙视为权威和吉祥的象征（图 3、图 4）。

与印度龙崇拜相结合的阶段：有意思的是，印度也有龙崇拜。中国隋唐时期，发源于古印度的佛教在中国迅速传播，佛教中的龙王崇拜也传入中国，其与本土的龙崇拜相结合。

龙图腾的形成与演变不仅体现了中国古代社会

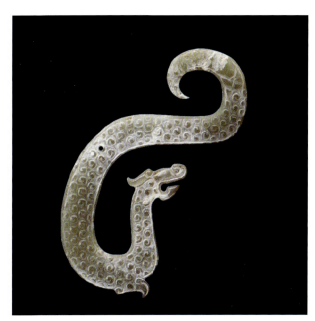

图 3　西汉龙形玉件

图 4　西汉龙纹瓦当

和文化的变迁，也反映了中国人对自然和宇宙的理解与敬畏。龙图腾的起源与古代的宗教信仰、天文观测、社会结构紧密相关，是中华文化的重要组成部分。

三、星宿起源说

（一）苍龙七宿

古代中国的星座一般指的是二十八星宿，这是我们中国人自己的星座，东西南北四象，分别是东方苍龙七宿、北方玄武七宿、南方朱雀七宿、西方白虎七宿，这也是"左青龙，右白虎，前朱雀，后玄武"说法的来源。中国龙的起源与苍龙七宿有着密切的联系（图5）。苍龙七宿，即东方的七个星宿——角宿（角木蛟）、亢宿（亢金龙）、氐宿（氐土貉）、房宿（房日兔）、心宿（心月狐）、尾宿（尾火虎）、箕宿（箕水豹）。它们组成一个完整的龙形星象，这些星宿被用来标记太阳、月亮和行星在天空中的运行路径，其变化规律与季节相符。如春季时从地平线升起，夏季位于中天，秋季下坠，冬季隐而不见，或跃在渊。这种与季节变化相对应的特点，使苍龙七宿成了农耕文明中重要的时间指示器。其不仅是天空中的星宿，也是中国古代文化的重要象征符号。龙的这种地位体现了中国古代人民对天文现象的观察和对自然规律的尊重，以及对宇宙秩序的理解。在这个体系中，龙与春季、东方、青色以及木的属性相对应，在古代中国的宇宙观中具有极其重要的地位，象征着春季的生机和复苏。这些变化与中国古代文化中对龙的描述相吻合。中国龙的形象和概念，在一定程度上源自这些星宿的排列和运行。

（二）苍龙七宿与《易经》的对应关系

在中国古代的天文学和占星术中，苍龙七宿的运行与《易经》中的某些卦辞有着象征性的对应关系。以下是一些具体的对应情况。

1. 潜龙勿用

《易经》乾卦的初九爻辞说："潜龙勿用。"这句话意味着龙虽然具有巨大的潜力，但目前时机未到，不宜轻举妄动。在天文学上，对应着苍龙七宿尚未完全升起或不够显著的时候，即龙还"潜伏"在水平线以下，不是采取行动的合适时机。

2. 见龙在田

乾卦的九二爻辞说："见龙在田，利见大人。"这里的"见龙在田"意味着龙已经出现在田野上，象征着时机已经成熟或者机遇的出现。在天文学上，这对应着苍龙七宿开始升起，即俗称的"龙抬头"，当角宿出现在东方地平线上，预示着一年的开始、万物的复苏。

3. 朝乾夕惕

乾卦的九三爻辞说："君子终日乾乾，夕惕若厉，无咎。"这句话强调了我们应该勤奋努力地学习工作，即使到了晚上也要保持警惕。在天文学上，这可以理解为苍龙七宿在一天

图5 苍龙七宿星座图

中的运行，从早到晚都保持着活力和影响力，象征着不断的努力和警惕。

4.龙战于野

乾卦的九四爻辞说："龙战于野，其血玄黄。"这里的"龙战于野"表示在成长中将要出现冲突和争端。在天文学上，这可以理解为苍龙七宿在特定季节或特定时刻的运行状态，预示着将迎来某种挑战或斗争。

5.飞龙在天

乾卦的九五爻辞说："飞龙在天，利见大人。"这里的"飞龙在天"意味着龙已经达到了最高点，象征着成功和权威。在天文学上，这对应于苍龙七宿在夜空中的最高位置，昭示着事物发展到了顶峰。

6.亢龙有悔

乾卦的上九爻辞说："亢龙有悔。"这句话意味着龙如果过于自负和傲慢，将会招致败局。在天文学上，这对应于苍龙七宿在天空中的位置过高，预示着此时如果不知节制，继续追求更多，就可能会有不好的后果，因此需要有所悔悟和调整。

这些对应关系体现了中国古代天文学、星占术与哲学、伦理学相结合的特点，通过观察天象来指导人们的行为和决策。然而，需要注意的是，这些对应关系并非直接的、固定的，而是基于象征意义和哲学思考的灵活应用。

（三）考古中发现的最早与龙有关的星宿概念

中国龙的天文初义可以追溯到河南濮阳西水坡约6500年前的仰韶文化墓地。在遗址中，最引人注目的是45号墓中发现的蚌塑龙虎图案。45号墓的结构非常特殊，墓主人的东侧和西侧分别埋有蚌壳塑成的龙和虎图案，这在中国考古学上是罕见的。东侧的龙图案长1.78、宽0.67米，头部呈扁圆形，尾部尖细，身体呈波浪状，四肢呈蹲卧姿态。西侧的虎图案长1.39、宽0.63米，这些使用了蚌壳摆塑形成图案，其中龙的形象被认为是中国已知最早的、体型最大的、形态最逼真的龙形象，被誉为"中华第一龙"（图6）。

通过现场勘察，45号墓中龙虎图案的摆放可能与苍龙七宿和白虎七宿的分布有关。东侧的龙图案可能象征着东方的苍龙七宿，而西侧的虎图案可能象征着西方的白虎七宿。这种布局可能反映了古代中国人对天空中星宿的崇拜，以及对于宇宙秩序的模仿。而且从龙图案的位置可以推断出其可能与春分时节升起的苍龙七宿有关。春分时节，苍龙七宿开始出现在东方夜空中，象征着春天的到来和农业活动的开始。墓中的龙图案可能是对这一天文现象的象征性表达，表明墓主人与农业丰产和季节变化的密切联系。当然西水坡仰韶文化墓地中的45号墓与苍龙七宿之间的确切关系，仍需要更多的考古发现和学术研究来进一步证实。

甲骨文中的"龙"字与天上的星象高度一致。这表明，古代中国人可能是基于对苍龙七宿的观察，创造了"龙"的字形。这种字形与苍龙星象

图6 河南濮阳西水坡仰韶文化墓地45号墓

的对应关系，不仅体现在字形上，还体现在其神性的象征意义上。

四、其他起源说

关于龙的起源说法多种多样，涵盖了神话、自然现象、文化传承、历史演变等多个方面。还有一些其他起源说，下面简单罗列一下。

自然象征说：龙的形象起源于古人对自然现象的观察和解释，如河流、山脉、雷电等自然景观，这些自然现象激发了古代人类对龙的想象。

文化交流说：随着不同文明之间的交流和贸易，各种文化符号和艺术风格相互影响，龙的形象和意义在不同文化中进行传播和演变。

宗教神话说：在世界各地的宗教和神话故事中，龙是常见的元素，代表着善与恶、智慧与贪婪等对立关系，这些神话和宗教信仰可能影响了龙的形象和象征意义。

古生物学说：一些被古人发现的恐龙化石可能影响了古代文化中龙的形象的塑造。古人面对这些巨大史前生物的遗骸，可能产生了对龙或怪兽的想象。

龙的起源是多元的，至今没有一个确定的答案，各种起源说反映了人类对世界的不同理解和解释，以及文化、宗教、艺术和历史的变迁。不同的文化和地区可能有不同的龙的形象和故事，但它们都丰富了人类文化的多样性。

五、探究龙起源的当代意义

龙的起源研究是一个跨学科的话题，涉及考古学、历史学、天文学、艺术学等多个领域。它为不同学科的学者提供了交流和合作的平台，促进了学术的发展。在当代，龙的意义已经超越了古代的象征和神话意义，它不仅保留了传统文化中的正面含义，还随着时代的发展增添了新的象征意义。探究龙的起源在当代具有重要的文化和学术意义。

龙作为中国乃至东亚的文化符号，对其起源的研究有助于加深我们对这一地区文化根源的理解。这有助于增强文化认同感，促进文化传承和发展。通过对龙起源的探究，我们可以更好地理解古代社会的宗教信仰、图腾崇拜、社会组织结构等方面，为历史研究提供新的视角和证据。龙的形象在艺术和文学作品中广泛存在。世界上许多文化中都有类似龙的形象，如欧洲的龙、印度的那伽等。比较这些不同文化中龙的形象和起源，有助于我们理解不同文化之间的联系和差异。了解龙的起源，还有助于艺术家和作家更深入地挖掘和创造与龙相关的作品，丰富艺术和文学的表现形式。

在中国，龙被视为国家的象征，代表着中华民族的繁荣和力量。龙文化是中国文化的重要组成部分，对海外华人来说，龙是文化认同和民族自豪感的标志。龙的形象在现代艺术和设计中依然非常流行，它被用于各种装饰、建筑和广告中，以其独特的魅力吸引人们的注意。许多企业和品牌使用龙作为其标志或吉祥物，以传达力量、成功和富有的寓意。在现代社会，龙仍然是权力、财富和好运的象征。了解龙的起源，有助于我们理解这些象征意义的来源，以及它们在现代社会中的影响。

六、结论

　　龙的起源是一个复杂且多元的议题。由于龙的神话和形象在不同的文化和历史时期中有着丰富的变化，因此很难得出一个单一、终极的结论。其实探究龙的起源不仅是对一个神话动物的研究，更是对人类文化、历史、心理和艺术的深入探讨，使我们能更好地理解人类的过去和现在，以及我们与自然界的关系。更重要的是，龙的起源对当代文化具有重要的推动作用，不仅在维护和传承传统文化方面发挥着重要作用，也在促进文化创新、经济发展和国际交流等方面展现出其深远的影响力。所以它不仅关乎过去，还与我们的现在和未来紧密相连。

（作者单位：北京市文物交流中心）

参考文献

[1] 方韬译注《山海经》，北京：中华书局，2022 年。
[2] 何新：《龙：神话与真相》，北京：时事出版社，2002 年。
[3] 闻一多：《伏羲考》，上海：上海古籍出版社，2009 年。
[4] 〔汉〕司马迁：《史记》，北京：中华书局，2019 年。
[5] 冯国超译注《周易》，北京：华夏出版社，2017 年。

中西方龙文化的历史深度与当代诠释

杨　帆

　　龙，这一神秘而庄重的动物，在中西方文化中均占有举足轻重的地位。它不仅是各自文化传统的象征，更在漫长的历史长河中承载了丰富的寓意和深厚的文化内涵。在中国，龙被视为吉祥、尊贵和力量的化身，与皇权、天命紧密相连；而在西方，龙则常被描绘为邪恶、强大的怪兽，与英雄、冒险和魔法世界共存。尽管中西方文化中龙的形象和寓意存在差异，但无可否认的是，龙作为一种文化符号，已经深深地烙印在了人类文明的历史之中。

　　本文旨在通过对比中国龙文化与西方龙故事的异同，深入探讨龙在中西方文化中的重要性及其所承载的文化寓意。我们通过梳理龙在中国文化中的起源与演变，以及其在不同历史时期的形象变化，可以更好地理解龙在中国文化中的象征意义及其与传统节日、习俗的关联。同时，我们通过回顾西方龙的故事与传说，可以揭示西方龙文化的独特魅力和其与现代社会的联系。最终，本文希望通过这一研究，促进中西方文化的交流与理解，为龙文化在全球范围内的传播与发展贡献力量。

一、中国龙文化的发展与寓意

（一）龙在中国文化中的起源与早期形象

　　龙，作为中国文化中独一无二的神秘动物，其起源可追溯至新石器时代。在那个时期，龙的形象可能源于人们对自然界中蛇、鱼、鳄鱼等动物形象的概括与神化。随着部落间的融合与文化的交流，这些动物形象逐渐被综合，形成了鳞片、爪子和角等龙的基本特征。在早期的陶器、玉器和甲骨文中，我们可以发现龙的雏形。这些文物上的龙形象通常较为简单，但已经展现出了威严与神秘的气质。它们往往与雨、水等元素相关联，暗示着龙在古人心目中具有掌控自然力量的能力。

（二）龙在历史文化中的演变与象征意义

　　随着时间的推移，龙的形象逐渐丰满起来，并在中国历史文化中占据了举足轻重的地位。从商周时期的青铜器到汉唐时期的石刻、绘画，龙的形象无处不在，且形态各异。它们或矫健有力，或威严庄重，或灵动飘逸，展现出了无穷的魅力。

在象征意义上，龙逐渐与皇权、天命紧密相连。历代帝王都自称为"真龙天子"，将龙作为自己权力的象征。皇宫中处处可见龙的装饰，如龙椅、龙袍、龙床等，无不彰显着皇家的尊贵与威严。同时，龙也被视为国家的象征，代表着国家的繁荣与昌盛。除了皇权象征外，龙在民间信仰中也具有广泛的寓意。它被视为能够带来好运、吉祥和丰收的神灵。在节庆日或重要场合，人们会举行舞龙表演以祈求风调雨顺、五谷丰登。这种信仰与习俗一直延续至今，成为中华民族传统文化的重要组成部分。

（三）龙在文学艺术中的形象与内涵

在中国古代文学和艺术作品中，龙的形象更是被赋予了丰富的内涵和深刻的寓意。在《诗经》《楚辞》等古典诗歌中，龙常常被用来象征君子、英雄或美好的事物。在绘画和雕塑中，艺术家们则通过精湛的技艺将龙的形象刻画得栩栩如生，展现出了其独特的艺术魅力。这些文学艺术作品不仅丰富了龙的文化内涵，也使得龙的形象更加深入人心。它们让人们在欣赏美的同时，更加深刻地感受到了龙所代表的中华民族的精神气质和文化底蕴。

（四）龙文化在当代社会中的传承与创新

随着时代的发展和社会的进步，龙文化在当代社会中得到了新的传承与创新。一方面，传统的舞龙、龙舟竞渡等民俗活动依然受到人们的喜爱和追捧；另一方面，龙的形象也被广泛应用于现代设计、影视制作等领域。

在现代设计中，龙的形象被赋予了新的时代气息和审美价值。无论是服饰、首饰还是家居用品，都可以看到以龙为元素的设计作品。这些作品既保留了传统龙文化的精髓，又融入了现代审美理念和设计技巧，展现出了传统与现代完美结合的魅力。在影视制作中，龙的形象更是被赋予了神奇的力量和丰富的情感。从早期的《哪吒闹海》到近年来的《大鱼海棠》《哪吒之魔童降世》等动画电影，以及众多以龙为主题或配角的电视剧和电影，都让观众感受到了龙的神秘魅力和无穷力量。这些影视作品不仅丰富了人们的娱乐生活，也让龙文化在更广泛的范围内得到了传播和弘扬。

二、西方龙的故事与传说

（一）西方龙文化的起源与流传

西方龙文化的起源可追溯到古代的神话和传说。与中国的龙不同，西方的龙在早期的神话中往往扮演着邪恶、凶猛的角色。随着时间的推移，龙的形象和故事逐渐在文学、艺术和宗教等领域中流传开来，成为西方文化不可或缺的一部分。

（二）古希腊和古罗马神话中的龙

在古希腊和古罗马神话中，龙通常被描绘为巨大的有着鳞片和翅膀的怪兽。它们守护着宝藏或重要的神祇，与英雄展开激烈的战斗。例如，在古希腊神话中，赫拉克勒斯就曾与看守金苹果的龙进行搏斗。这些故事中的龙往往象征着力量、邪恶和难以征服的自然力量。

（三）中世纪欧洲文学中的龙

中世纪欧洲文学，特别是骑士文学和史诗中，龙的形象得到了进一步的发展。在这些作品中，龙常常被描绘为守护宝藏或城堡的怪兽，需要勇敢的骑士去征服。这些故事不仅展现了龙的凶猛和强大，也强调了骑士的勇敢和荣誉。例如《贝奥武甫》和《尼伯龙根之歌》等史诗，其中都有关于龙与英雄对决的精彩描述。

（四）西方龙的象征意义与文化差异

在西方文化中，龙通常被赋予邪恶、恐怖的象征意义。它们代表着难以征服的自然力量、邪恶势力或内心的恐惧。这种象征意义与西方文化中的英雄主义、冒险精神和征服自然的主题紧密相连。与中国文化中龙的吉祥、尊贵的形象不同，西方龙的形象和寓意体现了文化差异。这种差异不仅反映了不同文化对龙的看法和想象，也揭示了人类在面对自然和未知时的不同心态和价值取向。

（五）西方龙在现代文化中的影响

随着现代文化的发展，西方龙的形象和故事逐渐融入了电影、游戏和流行文化中。在这些领域里，龙的形象得到了新的诠释和再创造。在影视作品中，如《霍比特人》《权力的游戏》等作品将龙呈现为具有惊人力量和神秘魅力的动物。它们不仅参与了剧情的发展，更成了观众喜爱的角色之一。在游戏中，如《魔兽世界》《上古卷轴》等作品也为玩家提供了与龙互动和冒险的机会。此外，在流行文化中，龙的形象也被广泛应用于服装、饰品和艺术品等领域。这些以龙为元素的设计作品不仅展现了西方龙文化的独特魅力，也促进了其在全球范围内的传播与影响。

总的来说，西方龙的故事与传说在历史长河中不断演变和发展。从古代的神话到现代的文艺作品，龙的形象和寓意都在不断地被诠释和再创造。这些故事和形象不仅丰富了人类的文化遗产，也为人们提供了理解自然和人性、寻求勇气和智慧的重要视角。

三、中国龙与西方龙的文化分析

（一）语言翻译与文化传播的历史背景

历史上，中西方文化的交流是一个漫长而复杂的过程，其中涉及了多种语言、宗教和哲学体系的相互碰撞与融合。在这个过程中，语言翻译起到了桥梁的作用，但同时也是一个充满挑战的环节。由于不同语言之间的词汇、语法和语义存在差异，翻译往往难以做到完全准确。特别是在处理具有深厚文化内涵的概念（如中国的"龙"）时，翻译者更是面临巨大的挑战。在西方传教士和学者首次接触到中国文化时，他们试图在自己的语言体系中找到对应的词汇来描述这个陌生的神话动物。然而，由于缺乏对中国文化的深入了解，他们往往只能根据自己的理解和想象来进行翻译。这就导致了在早期的中西文化交流中，中国的"龙"被翻译为西方的"Dragon"，尽管这两个词汇在各自的文化中有着截然不同的含义和象征意义。

（二）早期中西文化交流中的误解与融合

早期中西文化交流中的误解主要源于双方对对方文化的陌生。在西方人眼中，中国的"龙"可能只是一种奇特而神秘的动物，并未深入理解其在中国文化中的重要地位和象征意义。同样，中国人对西方文化中的"Dragon"也缺乏准确的了解，往往将其与中国的龙混为一谈。然而，这种误解并未影响中西方文化的融合。在长期的交流过程中，双方逐渐认识到彼此文化的独特性和价值，并开始尝试理解和接纳对方的文化观念。这种融合不仅丰富了中西方文化的内涵，也为双方提供了更广阔的视野和思考空间。

（三）"Dragon"一词在中西方的不同解读

在西方文化中，"Dragon"通常被描绘为一种邪恶、凶猛的怪兽，与英雄和冒险故事紧密相连。它代表着力量、恐怖和需要被征服的对象。这种解读源于西方古代神话和传说中的龙形象，它们往往是守护宝藏、阻碍英雄前进的恶龙。然而，在中国文化中，"龙"则是一种吉祥、尊贵的神兽。它代表着权力、尊贵、智慧和吉祥。在中国古代传说中，龙往往与皇室、天命和祥瑞联系在一起，被视为国家和民族的象征。这种解读源于中国古代对龙的崇拜和敬畏，以及龙在传统文化中的重要地位。由于早期中西文化交流中的误解和翻译问题，"Dragon"一词被用来指代中国文化中的"龙"，从而造成了两者在语言上的混淆。这种混淆不仅影响了双方对彼此文化的准确理解，也在一定程度上误导了人们对两种文化的认知和评价。

（四）中西方龙文化的共性

尽管中西方文化中龙的形象和寓意存在差异，但我们也可以看到一些文化共性。首先，龙作为一种神秘动物，在中西方文化中都具有超凡的力量和神秘的气质。这种共性反映了人类对未知和自然的敬畏与想象。在古代社会，由于缺乏科学知识和技术手段，人们往往将自然现象和神秘力量归结为神灵的作用，而龙作为一种具有超凡力量的神秘动物，自然成为人们崇拜和敬畏的对象。

其次，无论是在中国还是西方，龙都与英雄、冒险和征服等主题紧密相连。在中国古代传说中，龙往往是英雄人物的坐骑或助手，帮助他们完成艰巨的任务和战胜邪恶的势力。在西方文化中，龙也经常出现在英雄史诗和传奇故事中，成为英雄人物挑战和征服的对象。这些主题体现了人类面对挑战和困难时的勇气和智慧。

（五）当代语境下龙的正名与再解读

随着全球化的推进和中西文化交流的深入，越来越多的人开始意识到中国龙与西方龙在文化上的差异。为了更准确地传达中国龙的内涵和寓意，一些学者和专家提出了使用"Loong"作为中国龙的正确译名。这一提议旨在区分中国龙与西方龙在文化上的不同解读和形象差异。

使用"Loong"作为中国龙的译名，可以更准确地传达其独特魅力和深厚内涵。它避免了与西方文化中"Dragon"的混淆，使中国龙得以在国际舞台上展示其独特的文化价值和象征意义。同时，通过加强对中国龙的宣传和推广，也可以促进世界对中国文化的了解和认同。

（六）推动中国龙文化在国际社会的传播

在全球化的背景下，推动中国龙文化在国际社会的传播具有重要意义。首先，这有助于增强中国文化的国际影响力，提升国家的文化软实力。通过展示中国龙文化的独特魅力和深厚底蕴，可以吸引更多外国友人对中国文化产生兴趣和关注。其次，推动中国龙文化在国际社会的传播也有助于促进世界文化的多样性和繁荣发展。中国文化作为世界文化的重要组成部分，其独特的龙文化可以为世界文化带来新的元素和活力。通过加强中西文化交流与合作，可以促进双方对对方文化的了解与尊重，从而推动世界文化交流互鉴。

为了实现这一目标，我们可以采取多种措施。首先，加强对外文化交流与合作，举办各种形式的文化交流活动，如龙文化展览、艺术表演等，让世界更多地了解和感受中国龙文化的魅力。其次，利用现代科技手段，如互联网、社交媒体等，加强中国龙文化的国际传播力度。最后，加强龙文化教育和研究，培养更多具有国际视野和跨文化交流能力的人才，为推动中国龙文化在国际舞台上的传播提供有力支持。

四、龙年展览与中国龙的内涵及时代意义

（一）近期龙年展览概述

在甲辰龙年之际，各地为了弘扬中国传统文化，展现龙的独特魅力，纷纷举办了以龙为主题的展览。这些展览不仅展示了龙在中国历史、艺术、文化等方面的丰富内涵，还结合当代社会背景，赋予了龙新的时代意义。龙年展览的规模和影响力不断扩大，吸引了众多国内外观众的目光。

（二）展览主题与展品选择

龙年展览的主题多样，涵盖了龙的起源、传说、艺术表现、文化内涵等多个方面。在展品选择上，策展人精心挑选了各个历史时期的龙纹饰艺术品、文物等，以呈现龙在中国传统文化中的多元形象。同时，很多展览还注重传统与现代的结合，展示了一些现代艺术家以龙为题材的创意作品，体现了龙文化在当代的创新发展。

（三）展览的社会影响与文化价值

龙年展览的举办产生了广泛的社会影响。首先，它增强了人们对中国传统文化的认同感和自豪感，激发了民族自信心。其次，通过展览，观众可以更加深入地了解龙文化的丰富内涵和独特魅力，提升文化素养。最后，龙年展览还促进了文化交流和传播，推动了中外文化的互鉴与融合。在文化价值方面，龙年展览不仅展示了龙作为中国传统文化的重要符号和象征的意义，还揭示了龙文化在构建中华民族精神世界中的独特作用。同时，通过现代创意作品的展示，龙文化得以在当代社会焕发新的生命力，为文化产业的发展注入新的活力。

（四）龙年展览中的文物与时代发展

龙年展览中的文物是历史的见证，它们记录了龙在不同历史时期的形象和内涵。从远古时代的龙纹饰陶器到明清时期的龙袍等御用物品，再到现代艺术家的龙题材作品，这些文物和艺术品

共同勾勒出了龙在中国文化中的发展轨迹。随着时代的发展，龙的形象和内涵也在不断演变。在古代，龙被视为神秘、威严的象征，代表着皇权和天命；而在现代，龙的形象更加多元和亲民，被赋予了吉祥、奋进等积极意义。这种演变反映了社会对龙文化的认知和理解的不断深化和拓展。

（五）传统龙纹饰艺术与现代设计的融合

在龙年展览中，传统龙纹饰艺术与现代设计的融合成为一大亮点。现代设计师运用传统龙纹饰元素，结合现代设计理念和手法，创作出既具有传统文化韵味又符合现代审美需求的作品。这种融合不仅让传统龙纹饰艺术焕发了新的生机，也为现代设计注入了新的灵感和创意。

（六）龙形象在当代文化产业中的应用

随着文化产业的快速发展，龙形象被广泛应用于各种文化产品和服务中。在影视、动漫、游戏等领域，以龙为题材的作品层出不穷，深受观众喜爱。在工艺品、纪念品等领域，龙也成为重要的设计元素和品牌形象。这些应用不仅丰富了文化市场的产品种类和消费者的选择，也推动了龙文化的传播和其影响力的提升。

（七）龙在新时期的正名与时代色彩

在新时期，为了更准确地传达中国文化中龙的内涵和寓意，一些学者和专家提出了使用"Loong"作为中国龙的译名。这一提议旨在区分中国龙与西方龙在文化上的不同解读和形象差异，彰显中国文化的独特性和自信心。

同时，龙在新时期也被赋予了新的时代色彩。它不再仅仅是传统文化的象征和符号，更成为中华民族精神的象征和时代精神的体现。在全球化背景下，龙文化正以其独特的魅力和内涵走向世界舞台，成为中外文化交流的重要桥梁和纽带。

（八）"Loong"是文化自信的体现

使用"Loong"作为中国龙的译名，不仅是对传统文化的尊重和保护，更是文化自信的体现。它表现了我们对自己文化的认同和自豪感，表明我们愿意在国际舞台上展示和传播中国文化的独特魅力和价值。这种文化自信是推动文化交流和传播的重要动力，也是提升国家文化软实力的重要途径。

（九）龙形象在全球化背景下的传播策略

在全球化背景下，推动龙形象的传播需要制定有效的策略。首先，我们可以借助各种国际文化交流平台和活动，如国际艺术展览、文化节等，展示龙文化的独特魅力和内涵。其次，我们可以利用现代科技手段，如互联网、社交媒体等，加强龙文化的国际传播力度和广度。最后，我们还需要加强龙文化教育和研究，培养更多具有国际视野和跨文化交流能力的人才，为推动龙文化在国际舞台上的传播提供有力支持。

五、结论

中国龙象征吉祥、尊贵，体现超凡力量与智慧；而西方龙常被视为邪恶、凶猛的象征。尽管两者形象迥异，但都蕴含着神秘与超凡的特质，反映人类对未知的敬畏与想象。龙不仅是中国传统文化的重要象征，在现代社会更被赋予吉祥、奋进的寓意，成为激励人心的精神力量。同时，龙文化在文化产业和旅游等领域具有巨大价值，对经济发展和文化交流起到推动作用。

随着科技的进步与全球化的推进，龙文化的传播将更趋多样化和国际化。人们对传统文化的深入理解将为龙文化的创新发展提供新思路。预计未来龙文化将继续在文化传承、精神激励和促进经济发展等方面发挥重要作用，助力中华民族伟大复兴。

（作者单位：北京市文物交流中心）

参考文献

[1] 朱琦朝：《中西方龙视觉设计研究及实践》，苏州大学硕士学位论文，2021年。
[2] 戴萌：《中西龙文化对比与文化误读》，《今古文创》2020年第9期。
[3] 朱祝新、唐卫红：《中西方"龙"文化对比》，《青年文学家》2019年第23期。
[4] 匡延：《中西方龙文化比较研究》，《黑河学刊》2019年第1期。
[5] 许家进：《中西龙文化内涵异同研究》，《英语广场》2015年第11期。

浅析蒙古族龙纹饰的演变

段清清

在中华民族大家庭中，许多民族有着对龙的图腾崇拜。龙是先民们想象出来的通灵神物，是集九种最具灵性的动物于一体的神异动物，是远古人类崇拜自然力量的体现，也是封建时代皇权的象征，还代表了中国人对美好事物的期盼。

在中国传统纹样中，龙纹饰是最具代表性的纹样。龙的形象，经历几千年漫长的演变过程，出现了多种不同形态，造型也逐渐定型。这个过程正是中国传统审美与艺术工艺由简到繁、由抽象到具象、由原始到精美的过程。

龙纹饰从原始图腾中诞生，经历了夏、商、西周、春秋战国、秦，形态初步定型，从氏族标志演变为皇权象征。不同的社会背景，使得龙纹饰的形态特征各有差异，但在主流文化的影响下，龙纹饰一直是贵族的专属纹饰。

很多少数民族有着悠久的历史和对龙文化的崇拜。一些少数民族文化中的龙与汉族文化中的龙同出一脉，都源于远古时期龙的神秘传说。羌族认为，他们是神龙爷的后代；苗族有龙公龙母，自认为是龙子龙孙；白族信奉神龙，自认是伏羲的后代；彝族将龙年龙月龙日龙时出生的人，取名"支格阿龙"。

龙纹饰，也成为这些民族纹样中最具代表性的图案之一，同样有着丰富的文化内涵。这些纹样不仅展现了各族人民独特的审美情趣和色彩偏好，还反映了其祖先对龙图腾的崇拜，以及对美好事物和生活的向往，具有浓郁的民族特色和生活气息。

目前，少数民族文化已成为传统文化研究的重要课题，本文选取了融合多元文化的北方游牧民族——蒙古族，探究其龙纹饰的演变。

一、蒙古族的原始图腾崇拜

蒙古族是一个古老的游牧民族，生活在广阔的北方草原，蒙古族传统文化是一种富有传奇色彩的游牧文化。

北方游牧民族地区很早就有蛇崇拜的文化现象。蛇在整个欧亚草原地区的古代游牧民族中被视为开天辟地之神。蛇作为部族的标志，不仅见于先民存留的文字中，还见于民间美术、宫廷艺术、宗教艺术等不同的造型艺术领域。

在历史上，以蒙古族为代表的北方草原游牧民族创造了丰富灿烂的器物文化与图案样式。大量的缠绕型、卷曲型、几何型图案，普遍被认为是从蛇的形象抽象而来的。这或许是远古蛇崇拜的延续与演化。

中华民族图腾——龙与原始的蛇崇拜文化有着密切的联系。龙的形象经历了多种形态的演化，学术界相当一部分人认为龙的原生形态就是蛇。

二、蒙古草原龙纹饰的早期形态

在中国北方阴山一带，我们可以看到很多蛇的岩画。随着考古研究的深入，我们发现龙文化的起源与北方游牧民族地区兴隆洼文化、红山文化、夏家店文化有着密切关联。在内蒙古考古挖掘工作中也发现了大量与龙有关的文物，它们通体细长，也以蛇形为主。

其中，红山文化可追溯至6500～5000年前。在内蒙古东部赤峰市翁牛特旗三星塔拉红山文化遗址（约公元前4700～前2900年）出土的碧玉龙，是迄今为止发现最古老、造型最大的龙形玉器。这件碧玉龙由猪首、蛇身、马鬃组成，堪称"中华第一龙"。

学术界普遍认为，中国北方草原游牧民族祖先所创造的抽象蛇纹应该是中华民族龙纹饰的重要源头。对实物的崇拜逐渐被抽象化、观念化，并以文化符号的形式得以发展。红山碧玉龙的出土，意味着龙文化的鼻祖在中国北方地区，众多专家学者一致认为"中华龙最早腾飞在内蒙古"。龙文化在这里的诞生，对后来众多的北方游牧民族乃至整个中华民族的龙图腾崇拜都产生了巨大影响。

目前藏于北京市文物交流中心的玉猪龙（图1），是红山文化的典型器物之一。材质为岫岩玉，体形硕大，高16厘米，身体首尾相连，整体呈"C"形卷曲状，肥头大耳，吻部平齐，切口不完全断开，背部对穿双孔，面部刻线，表现眼睛、褶皱，好似竖立肥大的猪耳。

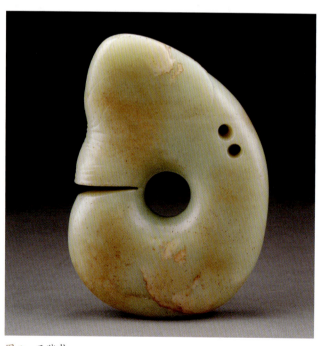

图1　玉猪龙

红山文化分布的区域，是燕山以北大凌河与老哈河上游，是农牧交错地带。农耕文明是伴随着牧业发展的，这一时期对猪的猎杀和畜养已经十分常见。考古发掘证明，玉猪龙是挂在墓主人胸前之物，象征着主人的某种身份。

考古专家和历史学者普遍认为，先民将猪抽象成龙的形态，是为了赋予这种动物更为强大的力量，只有这样才能与神灵进行沟通，并将人们的意愿和供奉传达给神灵。

这两种早期玉龙，虽然在形态上存在一定的区别，但都脱胎自圆形，这背后有着深刻的传统文化内涵。它们不仅是一种宗教礼器，更是远古时期先民们模仿自然界真实动物创造出来的图腾。

以上这一时期祖先们还处在原始社会，其纹饰表现比较幼稚、质朴，但是为后来的蒙古族传统龙纹饰的发展奠定了基础。

三、北方草原民族大变迁时代的龙纹饰

蒙古草原上曾经居住过匈奴、突厥、鲜卑、契丹、蒙古等多个民族，其中只有蒙古族作为一个独立的民族繁衍至今，不断传播着蒙古族传统文化和具有浓厚地方特色的草原文化。

北方出土的大量青铜龙纹饰器物，形态丰富，造型极具游牧民族的精神特质，主要集中在匈奴族的活动时期。表现手法兼具写实和夸张，艺术性与实用性相融合。

匈奴是北方游牧民族建立的第一个奴隶制国家，拥有广大的疆土。这时的纹饰主要体现在器物上。中国北方长城沿线地带陆续出土了大量以装饰动物纹为特征，具有浓郁的游牧民族文化特点的青铜制品和金制品。其中以鄂尔多斯地区发现的数量最多，分布最集中，最具有代表性，故被称为"鄂尔多斯青铜器"，又被称为"北方式青铜器"。例如鄂尔多斯市杭锦旗出土的匈奴王冠（图2），造型雄浑有力，龙纹酷似蛇纹，呈卷曲状态，极具草原游牧民族审美特点。王冠由

图2　匈奴王冠，内蒙古博物院藏

图3 鄂尔多斯青铜刀具

图4 龙纹手柄青铜刀

鹰形冠饰、半球形冠顶和冠带组合而成，浮雕多种动物纹饰，代表了战国时期中国北方草原民族贵金属工艺的最高水平。

青铜刀具（图3）也是这一时期常见的鄂尔多斯式青铜器，刀具上的纹饰既有体现本地区草原文化特色的动物纹，又有受中原文化影响的汉族风格纹饰。龙纹手柄青铜刀（图4），其刀体的动物纹饰多采用双体缠绕式造型，其刀柄为龙纹，也可称为蛇纹。这类装饰的青铜器非常多，龙纹的双体缠绕造型成为当时最流行的艺术样式。

在鄂尔多斯青铜器博物馆收藏的西汉金凤冠（图5、图6），据考证是匈奴贵族妇女的头饰。头饰部分由云纹金饰片、圆形金花片等组成。耳饰包括金耳环、鹿纹金牌饰、龙纹镶金玉佩等。冠饰的主体风格受到中原文化的影响，但其中的鹿等动物装饰则体现典型的草原文化特征。其上龙纹饰的造型也已基本成熟定型。

魏晋南北朝时期是历史上文化大交流、大融合的时期。这时纹饰的颜色比较鲜艳，内容上也有了改观，形象上也更加具象化。这时纹饰中的龙张牙舞爪，带有很

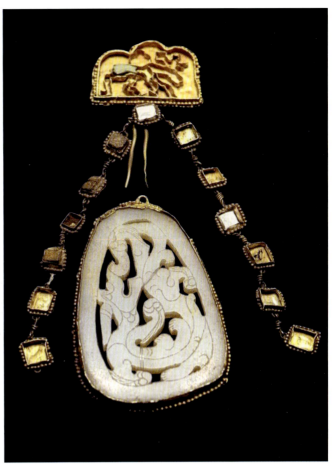

图5 西汉金凤冠，鄂尔多斯青铜器博物馆藏　　　　图6 西汉金凤冠耳饰局部

浓的政治色彩。北魏和柔然时代由于佛教的传入，纹饰有了新的内容，莲花、八宝、宝相花广为流行。

隋朝统一中国时，北方的铁勒各族日益强大，成为隋唐时期创造北方草原文化的主要民族。这时的纹饰开始逐渐具备了近似蒙古族文化的特点。

辽代的陶器出土颇多，形制近似于蒙古包，其中陪葬用具居多。它们的纹饰吸收了汉文化的影响，大多偏于细腻柔美，虽然也有青龙、白虎，但形式明显更加细腻、低沉，云纹混沌，多为线描。

四、元代成熟定型的龙纹饰

元代是蒙古族作为统治者登上中国政治舞台的时代，也是草原游牧文化、中原农业文化与西方文化、印度文化、波斯文化交融的时代，具有鲜明的多元风格。

元代是龙纹发展过程中极为重要的一个时期。作为少数民族建立的王朝，元朝的龙纹饰中也体现了其鲜明的草原文化精神。

元代的龙纹饰寓意丰富，代表着权力、尊贵和吉祥。龙纹饰经常出现在宫殿、寺庙、器物和艺术品，以及贵族的服饰上，用以展示统治者的权威和贵族的身份。

这一时期的龙纹饰较复杂，具有极强的装饰性。云纹、火焰纹、花卉纹等与龙的形象相互交织，形成了独特的装饰效果。元代的龙纹饰对后世的艺术产生了深远的影响，在后世的艺术作品中仍然可以看到其影子，成为中国传统文化的重要组成部分。

元代的统治者虽然是蒙古族，但是由于受汉文化影响较大，这时的纹饰不仅具有蒙古族纹饰的色彩和粗犷的造型，还更多地融入了汉文化柔和纤细的风格，纹饰开始变得华美工整。

（一）瓷器上的龙纹饰

元代的瓷器最具代表性的是青花瓷。青花瓷的出现，与蒙古人爱好青白二色的习俗是密不可分的。青花瓷纹饰种类很多，有山石、海兽、龙纹、云纹、几何纹、回纹等，非常优美。

元代瓷器龙纹饰中的龙，特点是头小、颈细，与粗壮的身体相比有种不太协调的感觉。另外，龙头上毛发稀疏，有的甚至没有毛发。龙爪有三、四、五爪不等，其中五爪最为罕见。

（二）宫廷服饰上的龙纹饰

蒙古族进入中原后，宫廷贵族在服饰方面接受了许多典型的中原刺绣题材，在风格、技法和寓意等方面更为写实、精致。所制之物多以展现纹样本身的自然特征为主要风格，进一步向世俗化发展。

元代画家刘贯道创作的人物画《元世祖出猎图》对于忽必烈服饰的刻画，也表现出龙纹饰深受统治者喜爱的情况。图中忽必烈身着皮答忽，内穿绣金龙红袍，足蹬绣金花卉红皮靴，戴皮冠，与察必皇后各骑一匹马，观看侍从射猎。这种服饰正是游牧民族服饰元素与汉民族装饰元素融合的典型代表。此画直观地展现了元代蒙古族皇帝、皇后、武士和侍从们服饰的基本情况。

蒙古族统治者对华丽巨大的龙纹饰非常喜爱，元代的龙袍用较大的龙纹饰在袍服的显著部位进行装饰，明确地以龙纹饰作为其等级的象征。龙袍服饰面料注重自然之美，颜色明快鲜亮，图案的选择在突出王权的同时还体现了对自然的崇拜和对美好生活的向往。龙袍中经常搭配各种植物纹样、动物纹样，还有比较抽象的云纹、水纹、卷草纹等。根据龙纹饰装饰部位的不同，可分为云肩式龙袍、团窠式龙袍、胸背式龙袍。

《元世祖出猎图》中忽必烈穿的大红色袍子上的图案是四盘龙，外面披着白色的大衣，衣摆处是行龙绣制的膝襕，这就是典型的云肩式龙袍。

团窠式龙袍上的龙纹饰即团龙纹，也被称为盘龙纹。

胸背式龙袍上仅在胸前背后织出一块方形图案，可看作是后世"补子"的前身。

龙袍纹饰刻画较为精细，龙的头、身、爪、须的形态分明，龙头部较长，嘴角开口幅度大，上翘，首尾在同一个方向。"五爪为龙，皇家垄断"则是蒙古族统治者带来的草原风俗，明代很快又变相地废除了这一禁令。

元代是龙袍发展过程中极为重要的一个时期。这一时期的龙袍保留了鲜明的草原文化特色，又吸收了中原文化的艺术和风俗，体现了皇权至高无上的特点。明代的龙袍图案与此时的龙袍图案基本相似，可见其对明清两代龙袍的样式产生了很大的影响。

（三）建筑物上的龙纹饰

元代统治者对于龙纹饰的喜爱和对于汉文化的接受，不仅体现在服饰、器具图案上，还体现在建筑物的雕刻上。元上都出土的汉白玉浮雕龙纹角柱，造型十分精美华丽，角柱的两个侧面分别绘有呈对称状的两条腾飞的五爪龙，神态刻画细腻，十分逼真，整体呈现出龙头较小、颈细、肚子较大的特点。角柱上龙纹饰的周围饰有大量的牡丹、菊花、荷花和莲藕图案，这些图案在元上都遗址出土的其他建筑构件上也有雕刻。可见当时对图案纹样的运用受到中原汉文化较深的影响。这些图案很受元代统治者喜爱，也成为当时中国北方草原地区的流行图案。

总体而言，蒙古族成熟意义上的龙纹饰体现了不同氏族与部族相互攻伐、相互吞并、相互融合后，逐步形成的稳定的"龙文化"体系，是文化融合的产物，是农耕、渔猎、游牧文化相融合的最为形象的历史印记。蒙古族龙纹饰的演变，是一个由简到繁、由抽象到具象、由狰狞威严到祥和端庄的过程。不同时期的龙纹饰反映了当时的审美观点和它们的社会功能。

（作者单位：北京市文物交流中心）

参考文献

[1] 张晶：《中国古代多元一体的设计文化》，上海：上海文化出版社，2007 年。
[2] 徐英：《中国北方游牧民族造型艺术》，中央民族大学博士学位论文，2006 年。
[3] 黄清穗编著《中国经典纹样图鉴》，北京：人民邮电出版社，2021 年。
[4] 赵丰：《蒙元龙袍的类型及地位》，《文物》2006 年第 8 期。
[5] 沈从文：《中国古代服饰研究》，北京：商务印书馆，2011 年。

湘西苗族传统龙纹饰

段清清

中国龙纹饰可以说是整个中华民族的文化符号。龙纹饰具有高度的装饰性，充满了活力与想象力，具有超现实的意蕴和浪漫色彩。人们把对龙的崇敬化作协调天人关系的途径。

在中国绝大多数的少数民族文化中，龙不被任何个人所占有，属于全民大众，它只是人们对自然力量的崇拜，而非对社会权势的崇拜，具有强烈的平民意识。古代汉族传统文化中龙所具有的权势寓意，取决于封建社会形态，而少数民族的平民意识，则取决于他们特殊的社会结构。

各个少数民族在不同的宗教信仰、生活环境中，发展出了不同的龙纹饰造型特征及文化寓意，这些特征和寓意大多不同于汉族的龙纹饰。

苗族聚居的湘西土家族苗族自治州，是湖南省西北部重要的地理单元，自古就是苗族的主要聚集地之一。此地数千年来孕育了众多优秀的苗族民间艺术，并承载了湘西苗族的历史、文化、经济的变迁，宗教信仰以及氏族延续。

在湘西众多的非物质文化遗产中大多能发现龙纹饰的印记，可见龙纹饰在湘西苗族传统文化中具有相当重要的地位。

一、湘西苗族龙纹饰的历史渊源和地域文化

在湘西苗族的文化历史中，龙纹饰被赋予了别样的内涵和寓意。据历史资料记载，苗族先民历经数次跨省迁徙，直到近百年才过上安稳自足的生活。迁徙的途中，苗族先民积累了深厚的民族文化底蕴，并吸收和接纳了沿途的各种文化，融进本民族的文化传统中。对先祖的传承、对神灵的崇敬、对自然力量的崇拜和畏惧等多个因素，造就了龙对这个民族的特殊意义。

从古时起，苗族的先祖就对可以翱翔在天的神龙有着崇敬之情。《日下旧闻考》中记载苗族祖先蚩尤有翼能飞。《山海经》亦记载着苗族首领"有翼可飞翔"，即"有人生翼，名曰苗民"。

在湘西苗族文化传统中，龙是氏族和宗教信仰的象征，也是喜悦和庆祝的象征。湘西苗族不像中原汉族那样把龙视作统治阶级最高权力的象征，而是将其视为崇拜的神灵。

苗族没有文字，历史文化仅凭口口相传。近年来国内也有学者认为苗族有自己独特的文字。但无论苗族是否有文字记载，目前我们尚无法溯源苗族龙纹饰的起源并做出准确的推定。但根据民间多种多样的传说，我们可以确定，龙深受苗族人的崇敬和喜爱。

二、湘西苗族龙纹饰的多元文化融合

据史料记载，从商至汉，一些族群开始从各地进入湘西，魏晋以后，进入湘西的族群越来越多。苗文化、楚文化、汉文化等多元文化在湘西交汇并留下深浅不一的文化痕迹，加快了湘西区域文化融合的趋势，多样性、包容性则是湘西文化最主要的特点。

多元文化融合形成的湘西苗族文化，与其他地区的苗族文化有着显著不同。相比之下，湘西苗族文化的种种特征更接近汉族文化，虽也地处山区，但比黔东南苗族文化或云南文山苗族文化更加多元，在龙纹饰的造型、配色、工艺等方面更为精巧细腻。

湘西苗族龙纹饰是远古至近现代苗族历史演变和审美传承的产物，具有鲜明的湘西苗族特色，是苗族人在生产生活过程中培育的文化产物。

三、湘西苗族龙纹饰多样的造型变化

从造型上看，湘西苗族龙纹饰主要位于整个图样的中心位置，周围环绕凤鸟纹、花草纹、蝴蝶纹，或填充人物。纹样很少出现大量留白，尤其是龙纹饰的刻画，尽可能表现得丰富多彩。同时，湘西苗族龙纹饰也存在由简单演化为繁复精细的过程。这也是湘西苗族传统文化不断融合、完善、发展的历程。

湘西苗族龙纹饰在造型上的表现形式，基本可以分为具象型和抽象型。

（一）具象型龙纹饰

具象型龙纹饰有的造型类似字母"C"，龙的形态呈括号形，造型简单朴拙，简洁有力。有的龙造型类似字母"S"，龙的身体上下起伏呈现多个方向的弯曲，犹如龙正在翻腾飞翔。还有的龙造型弯曲呈现"O"形，反复遮挡，形成复杂形式，写实与夸张并存，装饰性极强。

（二）抽象型龙纹饰

抽象型龙纹饰中，有的龙纹饰属于几何型，以简单的几何图形概括龙的形象，形态抽象简洁，装饰性强；有的龙纹饰属于螺旋型，龙形似螺旋，犹如龙在不断盘旋上升；有的龙纹饰属于线条型，简单的线条与块面的组合将龙翱翔时轻快灵活的艺术形象展现出来。

无论是具象型或抽象型，无论简约或繁复，无论柔美或刚健，这些传统的龙纹饰的造型都是依据传承，不断积淀，发展演化而来的，完美地体现了湘西苗族龙纹饰造型的多变之美。

四、湘西苗族龙纹饰的演变历程

（一）龙纹饰多变的造型

湘西苗族龙纹饰体现的是人们对物、神、祖先的敬仰。苗族人认为龙是自然万物之源，因此就将其拟人化、拟物化，形成"龙生万物，万物为龙"的艺术概念。龙纹饰可以似牛，似蛇，似鱼，似蝴蝶，似万物。通过在龙身加上牛头、蛇身、鱼鳞、虫脚等，将龙与其他动物的特征相结合，形成具有湘西苗族特色的龙纹饰。

例如牛龙纹，龙与牛结合，龙头上长出尖而长的水牛角；蝴蝶龙纹，龙头两侧有蝴蝶翅膀一样的扇形装饰，鼻子的触须如同蝴蝶触须一样呈卷曲螺旋状；蛇龙纹，蛇和龙弯曲盘旋，造型更为流畅；人面龙纹，龙首被人面替代，造型呈现为人首龙身，整个造型呈现长且弯曲的特点。

（二）龙纹饰造型的多种表现形式

湘西苗族龙纹饰千变万化，富有独特趣味。虽然众多种类的龙纹饰因实物遗失或损毁，暂无详细资料可供查看，但从苗族的服装、银饰、刺绣、剪纸、苗画、蜡染等艺术形式，结合他们生活中的家纺用品、家具、建筑等，可以发现至今仍遗存大量原始龙的造型与象征表现，基本审美特征有着相当明显的传承势态。龙纹饰由简单抽象，逐步演化为华丽写实，整个转变过程中不断地吸纳、融合与创新。

早期湘西苗族龙纹饰基本采用单线轮廓的造型手法，节奏轻快，极少有细节的刻画。之后，在单线基础上出现翅膀类的造型，有鱼鳞翅膀、鸟类翅膀等造型，均是源自苗族人的想象，体现了苗族龙纹饰无拘无束、自由原始的特点。而后，与汉文化不断融合，在清晚期与近现代，苗族龙纹饰出现流云、祥云等配饰纹样，更加重视龙纹饰流畅的造型与韵律感，强调灵动性，更加注重细节的描画（包括龙的鳞片、触须等），造型更加完整细致。

湘西苗族工艺品中的龙纹饰与服饰上的龙纹饰有着较大的区别。工艺品上的龙头造型比服饰上的龙头明显更小；更加突出较长的龙身，呈现盘旋或盘绕的形态；龙爪的趾尖距离加大，减少了趾尖的锋利感。

湘西苗族服饰上的龙纹饰造型、色彩、装饰等各方面的设计，是依照湘西苗族人特有的宗教信仰和审美观念形成的。湘西苗族人服饰的龙纹饰带有一种纯天然的原始的美。苗族服饰上的龙纹饰通常采用鸟纹、植物纹、人纹为辅助图案，显示人与龙、人与自然和谐共处的文化价值观，体现了一种人与自然相和谐的社会意识。

服饰中龙纹饰最有特点的地方，是它记录下了创作者在制作中的独特感受。制作者在沿袭传统纹样的同时，还在创作中加入个人的情感。因此，湘西苗族服饰上的龙纹饰在不同的创作者的手中有着不同的艺术形态。

虽然在湘西苗族内部龙纹饰造型无统一样式，不同地区龙纹饰也有粗细、大小的变化，但总体上与汉族龙纹饰差别甚大。湘西苗族龙纹饰中的龙并没有汉族龙纹饰中的龙那么威严、富贵，却演变出了造型丰富、起伏流畅的曲线感，显得更加质朴可爱，更具有活泼生动的趣味，这些都是苗族人民的智慧结晶。

从大量的资料来看，湘西苗族自古就沿袭了与中原一脉相承的龙文化。而且因为湘西自然地理的独特性，湘西苗族的龙文化既保留了原始艺术的部分特点，也是文化融合后的产物。在中国内陆其他少数民族聚居区，几乎没有这样的龙文化存在。

（作者单位：北京市文物交流中心）

参考文献

[1] 龙颂江、张心平主编《湘西民间工艺美术精粹》，北京：学苑出版社，2007 年。

[2] 凌纯声、芮逸夫编《湘西苗族调查报告》，上海：商务印书馆，1939 年。

[3] 湖南省社会科学院历史研究所编《苗族文化论丛》，长沙：湖南大学出版社，1989 年。

明清家具中的龙纹饰

侯 平

　　自古以来，家具不仅是日常生活的必需品，更是文化与艺术的载体。拥有两千多年历史的中国古代家具经历了漫长的发展与演变，在明清时期，家具艺术达到了巅峰。作为礼器和祭器的家具，如俎、几、禁等，在《周礼》《仪礼》《礼记》等古代经典中均有记载，它们以漆、玉等材质制作，体现了古代礼仪的庄重与神圣。

　　明代和清代的家具在设计风格、材质选择、雕刻工艺等方面都展现了各自独特的魅力。这些家具不仅具有极高的艺术价值，也体现了中国传统文化的深厚底蕴和独特魅力。在今天，我们仍然可以从这些家具中汲取灵感和启示，为我们的生活增添更多的文化气息和艺术美感。

　　明代家具以其独特的设计理念和精湛的制作工艺，成为中国传统家具艺术的重要代表。在这一时期，家具设计追求简洁明快、线条流畅、形态端庄，同时又保持了极为精致和细腻的特点。这种设计风格的形成，既受到了当时社会审美观念的影响，也体现了明代工匠们对于家具艺术的深刻理解和独特见解。

　　在明代家具的制作中，黄花梨、紫檀等硬木材质被广泛使用。这些木材质地坚硬，色泽深沉，纹理美观，非常符合明代家具设计的需要。特别是黄花梨木，以其独特的色泽和纹理，成为明代家具制作中的首选材料。工匠们运用各种雕刻手法，如浮雕、线雕等，将龙纹饰等图案精美地呈现在家具之上。这些龙纹饰线条流畅，形态端庄，仿佛随时可以腾飞升天，给人一种强烈的视觉冲击力和艺术美感。

　　图1所示黄花梨屏风，风格高贵大气，材质名贵，尽显雕刻之繁美、设计之精巧。主体纹饰为圆形，正面透雕龙形，尽显皇家之威严。龙呈怒发冲冠状，张口，龙眉向上，龙爪苍劲有力。周边辅有象形龙纹饰如螭龙、拐子龙，主次分明，相得益彰，具有典型的明晚期特征。

　　明代龙纹饰大多雄劲有力，细脖，头略小，龙发多从两角间向前耸，正面团龙的表情亦如图中所示般怒目张口、须发上扬，龙爪五指呈轮状，坚韧有力。明代末期，龙身姿态无大变化，而龙发已变为三绺。

　　明代正面团龙较少，多表现为侧面龙，图案较为抽象，多以浅浮雕呈现。有的还辅以花草、海水、祥云等吉祥物。常见于家具的牙板、门板、环板、背板、架板、裙板、心板上，有的还很抽象，从而为家具营造了一种庄严而吉祥的风韵。

进入清代，家具风格发生了显著的变化。清代家具更加注重细节和工艺技巧，每一处都经过精心设计和制作。在材质上，清代家具依然以硬木为主，但更注重材质与纹饰的和谐统一。龙纹、二龙戏珠、龙凤呈祥等图案被广泛应用于家具的雕刻之中，这些图案不仅寓意着吉祥和美好，也体现了清代工匠的高超技艺和深厚文化底蕴。

在清代宫廷家具中，紫檀等红木成为主要材质。紫檀木色泽深沉、质地坚硬，非常符合皇家尊贵、庄严的形象。工匠们运用了各种雕刻技巧，如浮雕、透雕等，使得每一件宫廷家具都可称为艺术品。这些家具不仅具有极高的实用价值，更体现了清代宫廷文化的独特魅力和深厚底蕴。

清代龙的须发已不再像明代那般上耸，而是披头散发，龙身也渐渐粗起来。清代乾隆时期，龙眉朝下，龙尾加长，龙的额头上呈现出一种圆形鼓包样凸起，有的专家称其为"七朵梅花包"，龙爪出现四指并拢的形状。晚期的龙纹饰，姿态呆板，龙鼻也大起来，俗称"肿鼻子龙"。

图 1　黄花梨屏风（局部）

随着清朝晚期国力衰退，家具材质也不全部追求高档，反映在各个层面。尤其是民间家具，其上龙纹饰很少有逼真效果。正面龙也很少出现。相继出现各种龙纹饰的衍生品，比如龙生九子中的各种形象，如螭虎、虬夔、麒麟等等。拐子系列，如意拐子、龙拐子、草龙拐子、兽面拐子、回纹拐子等，在一些家具上随处可见，但往往处于次要地位，起到装饰作用。拐子的来源可追溯到青铜器的装饰和缠枝花，然而，将这些原型发展并定型，无疑是明代工匠的创造。明式家具纹饰以拐子作为装饰的很多，这种手法也一直延续到清末民初。

值得一提的是，无论是明代还是清代的家具，都体现了中国传统文化的精髓和独特魅力。在这些家具中，我们可以看到中国传统文化的深厚底蕴和丰富内涵。这些家具不仅是中国传统文化的载体，更是人们对于祖先智慧和创造力的传承和发扬。

龙，作为中华民族的图腾，自古以来就被赋予了神秘而崇高的地位。在中国古代的神话传说中，龙被视为掌管天象、行云布雨的神灵，具有至高无上的权力和威严。因此，将龙的形象雕刻在家具上，不仅是一种对龙的崇拜和敬畏的表现，更是一种对皇权与神权的彰显和强化。

在中国的传统家具艺术中，龙纹饰作为一种独特的装饰元素，其存在绝非偶然。这一纹样的运用，深植于中华民族的历史文化和精神传统中，并与龙的特殊地位和象征意义紧密相连。

龙纹饰的运用历史悠久，技艺精湛。早在商周时期，龙的形象就已经出现在青铜器上，成了一种独特的装饰元素。随着时间的推移，龙纹饰逐渐发展并演变，形成了多种不同的风格，龙纹饰的应用更是达到了巅峰。

在宫廷家具中，龙纹饰通常被雕刻在显眼的位置，如椅背、床榻、桌案等，形态各异，栩栩如生。这些龙纹饰不仅具有极高的艺术价值，更是皇权的象征。

在民间工艺品中，龙纹饰则更多地被用于装饰日常生活用品，如箱柜、桌椅、床榻等。这些龙纹饰虽然不如宫廷家具中的龙纹饰那样华丽繁复，但却更加贴近百姓生活，充满了民间艺术的韵味。

龙纹饰在家具中的作用并非简单的装饰，而是与家具的整体设计和风格紧密相连的。无论是宫廷家具的庄重典雅还是民间工艺品的朴实大方，龙纹饰都能与之相得益彰，共同构成一种独特的艺术风格。这种风格的形成，既体现了中国古代工匠的精湛技艺和深厚文化底蕴，也反映了中华民族对龙的特殊情感和崇拜。

明清家具上的龙纹饰装饰，不仅是工匠们对技艺的精湛追求，更体现了人们对龙图腾的深深崇敬以及对皇权的象征性展示。这些家具不仅具有卓越的艺术价值，同时也是我们深入了解历史与文化的重要媒介。通过它们，我们可以一窥古代皇家文化的庄重与神圣，体会到工匠们的智慧与匠心独运之处。

（作者单位：北京市文物交流中心）

龙纹饰在文创产品设计中的创新应用探索

以北京市文物交流中心藏品为例

张欣檬

从古至今，龙作为中华民族辉煌的图腾，承载着民族的文化传承和精神追求，有着悠久的历史和丰富的文化内涵，其发展绵延不绝，生生不息。

在文创日益火热的甲辰龙年（2024年），龙纹饰得到了更多设计师的青睐，在文创市场上得到了充分的运用，开发出了多种文创产品，深受广大市民的喜爱。对龙纹饰在文创产品中的探索，不仅是对传统纹样的继承与再利用，更是对中国美学内涵的深刻折射，具有特殊而深远的意义。

如何将龙纹饰这一古老而神秘的纹样，转化为兼具文化内涵和时代气息的文创产品，是摆在我们面前的重要课题。本文结合北京市文物交流中心部分龙纹饰藏品，从纹样中提炼出具有应用价值的设计元素，并结合现代设计理念和方法，提出龙纹饰文创产品的设计思路。

一、北京市文物交流中心部分龙纹饰藏品概述

龙纹饰由简单图形发展到立体复杂且带有神性的图案组合，随时代演变，不断推陈出新。北京市文物交流中心所藏的龙纹饰器物中红山文化玉器的代表是玉猪龙（图1）。这一时期的龙纹饰线条简练流畅，造型原始、古朴。古谚有云："猪乃龙象。"这件器物具备猪与龙的形象特征，形似龙的胚胎，同时又肥首大耳、圆眼、吻部前突，憨态可掬。首尾衔接处有一开口，靠近圆心处连而未断。

文竹贴黄鱼龙变幻纹鼎上的鱼化龙（图2），是仰韶文化时期中华民族先祖在图腾崇拜中创造的朴素纹样。这一纹样历经发展，成为深受广大群众喜爱的吉祥图案。其纹饰姿态灵动，仿佛鲤鱼昂首欲飞，具有鲤鱼跃龙门的美好寓意。

辽金时期云龙纹铜镜（图3），背面以侧视龙进行装饰，中间镜纽正好作为龙之宝珠。龙的头部上吻明显高于下颚，头后鬣毛与头上一角形成软硬对比，龙身整体呈现"S"形盘卧在镜背之上，加之四足呈现不同造型，完全体现出龙的矫健体魄。

唐代白釉双龙耳瓶（图4），其对称双耳与瓶口连接处作龙头状，整体上与素净的瓶身形成鲜明的虚实对比，将龙纹饰对称运用于柄与口、肩相连所构成的虚实对比中，在浑厚古朴中透露出俊逸妩媚，形态端庄典雅，尽显大唐盛世的神韵。

图 1 玉猪龙

图 2 文竹贴黄龙变幻纹鼎

中国人对龙的审美成熟始于宋代，宋人深受理学熏陶，他们总结并提炼了前代各种龙的形象，提出了"九象"的概念，并完整地阐述了龙的形象特征。使得后世的龙纹饰形象皆以此为范本。宋人对龙的形象有了深刻的理解和把握。元代的龙则显得凶猛，大齿细颈，气势磅礴，爪尖而长，体表刻画鳞纹或网格纹，纹路细密，被称为元朝蛇颈龙。元青花龙纹饰生动传神，大气洒脱，龙眼圆瞪，龙爪锋利，样式繁多，如赶珠龙纹、升龙纹等。

明代早期青花龙纹钵（图 5）上的龙纹饰受到元代制瓷风格的影响，但相较元代制作更加规范，体态犀利，苍劲有力，有叱咤风云之感，不再似元代那般凶猛、犀利。明龙壮美，龙首相比元代明显变大，须发密，毛发梢向上飞扬，龙须伸展有力，有张口和闭口之分，张口的伸舌，闭口的上唇似如意，身体用青料一片一片地描绘鳞片。

清朝处于封建社会末期，这一时期的龙纹饰更加突出中央集权下的皇权色彩。为符合统治者的威严气质，画师模仿正面人像的绘画手法，龙的双目与观者对视，张口作怒吼状，突出了庄严与威慑力（图 6）。

二、龙纹饰器物在文创设计中的应用价值

文创产品通过艺术的、美学的、符号的形式向消费者传达文化理念，满足人们的精神需求。龙纹饰相关的文创产品不仅在平时的设计中备受青睐，更与春节的语境高度契合，在龙年尤其受欢迎。设计师应深入挖掘龙纹饰的文化内涵，巧妙地将其融入创意产品中，以打造互动感强、生动有趣的文创精品。

龙纹饰随着历史的发展不断演变，在相关的文创产品设计中，设计师需要将这些富于个性的龙纹饰作为载体，创作符合大众精神文化与审美需求的产品，来推动传统审美理念的现代转换。因此，笔者认为对具有个性或审美性的龙纹饰进行归纳总结，能够迸发文创产品设计的创新思路。

（一）龙纹饰文创产品现状分析

第一，产品同质化问题严重。以龙纹饰为元素的文创产品多局限于马克杯、挂件、帆布包等，缺乏令人耳目一新的作品。第二，创意设计的手法存在局限。多采用简单复制，未能充分挖掘传统图案在当代文创设计中的审美和应用价值，导致传统图案未能历久弥新，难以满足大众的审美需求。第三，产品缺乏内在逻辑和文化底蕴。设计师对传统元素的运用掌握不足，对文化资源的利

图3　铜云龙纹镜

用不够严谨，导致图案创意与文化内涵脱节，创意与文创产品的差异性不明显。第四，过于注重观赏性而忽视实用性。通过以上分析可以看出，龙纹饰创意产品仍需充实，设计手法亦有待完善。对图案发展历史的熟悉程度，寻找现代与传统的契合点，以及提升设计的文化质感等方面，都需要进一步加强。

（二）北京市文物交流中心藏龙纹饰器物元素在文创产品中的可应用性

根据前文所述，北京市文物交流中心所珍藏的龙纹饰器物，展现了跨越不同历史时期的龙纹饰特色。这些器物以其独特的风格而著称，从质朴可爱的玉猪龙，到寓意美好愿望的文竹贴黄鱼龙变幻纹鼎，再到个性鲜明的明代青花龙纹钵。所有这些器物皆可作为我们进行文创产品设计的灵感之源。

（三）龙纹饰在文创产品设计中的应用原则

龙纹饰在文创产品中的应用，需要在保持传统纹样特征的前提下，再进行活化和再创造。以下从多个角度阐述龙纹饰在文创产品设计中的应用原则。

1. 可识别性原则

前文对不同器物上不同时期的龙纹饰的特征进行了总结，每个时期的典型器物都有其各自的艺术表征。再创作的产品需要被人识别出器物的突出特点，同时要方便观众通过文创产品了解当时的文化背景，获得更多的文化认同。

2. 连续性原则

在设计过程中，连续性原则至关重要。例如针对一个纹样进行文创开发，不仅要保持纹样的颜色、形状、线条的协调和平衡，更需要追根溯源，对其背后的文化和历史背景进行深入挖掘和理解。只有通过对纹样从古至今的演变进行分析，才能抓住其设计要点，真正实现文创作品的意义和价值的传达。龙纹饰相关文创若是巧妙地利用龙纹饰发展具有连续性的特点进行创作，创作

图 4　白釉双龙耳瓶

图 5　青花龙纹钵

出的系列产品能让受众根据龙纹饰感受到文化的延续和发展，这样更能体现产品的文化内涵。例如 2024 年龙年"春晚"节目《年锦》将中国古代寓意祥瑞的纹样通过虚拟合成技术，层层叠叠展示在大家眼前，为全国人民上演了一场"纹样大秀"，也是一场来自古代的审美盛宴。

3. 传承与创新性原则

以传统纹样为灵感的文创设计，须注重创新性与时代性的结合。创新设计是在传统元素基础上进行革新与演进。让龙纹饰文创产品在保留传统寓意的同时，从纹样形态、色彩等方面着手进行设计，满足人们对器物的实用需求，进而打造出符合现代设计理念的文创佳作。

三、龙纹饰在文创产品设计中的创新应用探索

现如今，文创产品设计已经不再拘泥于对某一形象进行平面化处理，相反，需要呈现更鲜活、生动的 IP（知识产权）形象，以期吸引消费者的目光，实现效益最大化，同时增加文化认同并增强文化自信。前文提到的北京市文物交流中心收藏的不同年代的龙纹饰文物，均可以作为龙纹饰文创产品设计的元素。

（一）塑造系列龙 IP 形象

当下，与龙有关的产品在文创市场上已经十分丰富了。2024 年推出的龙手办盲盒是新型的文创产品之一，大众拆盲盒就可以得到不同颜色的龙形摆件，让消费者充满好奇心，也激发了他们的购买欲。然而，消费者如果仅能获得不同颜色的龙手办，购买欲望也不会太强。因此，如果这类盲盒文创增加更多可挖掘的元素，也许能赋予产品以文化内涵且增添趣味性。

北京市文物交流中心藏品玉猪龙是红山文化的器物，作为设计元素，承载着原始的特质，展

图 6 青花矾红彩海水云龙八吉祥纹绶带耳葫芦扁瓶

现出古朴的魅力。在中国文化中，猪被视为勤劳、务实和友善的象征，而龙则象征着权威、力量和智慧。玉猪龙以其可爱的形象，生动地表达了中国人对生活的乐观和豁达心态。这件器物外形是一个正在成长的龙形胚胎，龙嘴闭合，四肢尚未完全发育。在盲盒文创设计过程中，若将这种天真无邪的龙幼崽形象提炼，并应用于手办中，消费者在拆盲盒的过程中，除了可以拆出颜色不同的龙摆件，还有机会挖掘出一个萌态的龙幼崽形象，这件文创产品的受众群体会增加，也会增加消费者的期待值。图7是玉猪龙手办设计过程图。

此外，设计系列龙IP是为产品增加辨识度的方法之一。从色彩方面，为创建统一的视觉效果，可以通过选择相似的色调、使用相同的色彩组合来实现。在外形方面，可以通过设计相似的特征来实现。上文提到的玉猪龙IP憨态可掬，拥有十分可爱的大眼睛，基于这些外形特征，接下来的龙IP可以设计为无足无角的玉猪龙幼崽，逐渐生长出了四爪、五爪，还可以逐渐长出牙齿，张开嘴巴，这些可以概括为一个龙幼崽的成长记录。图8展示了玉猪龙逐渐成长的几个形象。这几个IP存在许多相似之处，同时也保留了各自的特点，观众也更能够记住这些朴素而可爱的形象。

（二）利用科技串联个性化IP形象讲好龙纹饰故事

为了更好地凸显龙纹饰的发展具有连续性这一特点，我们可以以前文所提到的龙纹饰器物为例，创造多个个性化立体龙IP形象，将不同时期的龙IP与其所处的真实环境相结合，并借助AR（增强现实）技术来讲述龙的成长故事。人们可以通过手机应用扫描特定的图案或物体，触发虚拟世界中的龙IP展示。这样观众将能够直观地了解龙纹饰在不同时期的形态和风格演变。此外，

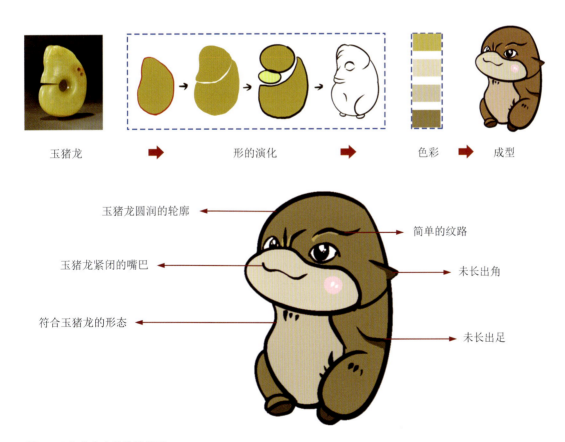

玉猪龙　　　　　形的演化　　　　　色彩　　　成型

玉猪龙圆润的轮廓　　　　　　　　　简单的纹路

玉猪龙紧闭的嘴巴　　　　　　　　　未长出角

符合玉猪龙的形态　　　　　　　　　未长出足

图7　玉猪龙手办设计过程图

图 8 玉猪龙逐渐成长的几个形象

让龙IP形象与所处时期的知名人物联动，创造"龙IP+名人故事"的文创产品或许能够激发更多人的兴趣。通过了解这些名人与所处时代背景的关系，人们可以更加全面地认识龙纹饰的特征，进一步深化对纹样的理解。这种结合不仅能够提供与龙纹饰相关的历史和文化信息，还可以让观众更好地领略到龙纹饰的内涵与魅力。

通过应用 AR 技术，我们可以将唐代诗人李白与唐代龙IP形象完美结合。观众将能够看到李白乘坐着一艘有着龙纹饰的船在江水中缓缓行驶的场景。这艘龙船将展现唐代龙的飘逸、富丽和精致的细节，使观众仿佛置身于唐代盛世之中，切身感受到那个时代的繁华景象。这种结合不仅能够给人们带来沉浸式体验，还能够展示唐代文化的魅力。

总体而言，AR 技术可以为人们带来全新的视觉体验和文化感受。在这一方面，目前非常热门的VR（虚拟现实）冰箱贴可以作为具体的展示载体。观众只需购买带有龙纹饰形象的冰箱贴，并扫描其中的二维码，便能欣赏到一个有趣的场景。这个游戏既适合成人又适合儿童，通过游戏的方式将文化潜移默化地输出，更容易形成广泛的文化认同。

（三）龙纹饰元素的提取与应用

平面贴图作为一种简单而有效的手段，能够赋予那些具有美好寓意且细节明显的龙纹饰图案以多样化的效果，来满足不同年龄层次和文化背景的受众群体需求。通过这种方式，文创产品可以覆盖不同价位区间，从而为消费者提供更多的选择。

以上文提到的文竹贴黄鱼龙变幻纹鼎为例，这款龙纹饰向人们传递了鲤鱼跃龙门的美好寓意。鲤鱼象征着勇气和毅力，而龙门则代表着成功和升华。因此，将这一图案应用于学生文具上，不仅可以为学生带来吉祥和好运，还可以激发他们的勇气和毅力，助力他们追求成功和进步。通过将纹样与学生文具相结合，设计师可以创造出各种不同风格和主题的作品。例如，在笔记本封面上使用纹样，可以增加其独特性和艺术性；在铅笔盒表面粘贴纹样，可以使其更加精致和美观。无论是哪种学生文具，都可以通过纹样的应用，提升其整体品质和设计感。设计师也要特别关注设计的配色，通过对纹样线描的处理，对纹样颜色进行重新搭配，以适应不同场景的需求。

四、结语

本文通过对北京市文物交流中心龙纹饰藏品的介绍，系统性地探讨了龙纹饰在不同历史时期的变化与发展。在此基础上，本文进一步概括了这些藏品的艺术特征，并结合文创产品设计的基本原则，提出了龙纹饰在现代文创产品设计中的创新应用策略。以期更新公众对传统龙纹饰造型的认知，通过赋予传统龙纹饰以现代化的设计语言，焕发其新的生机与活力。这不仅为传统文化注入了新的生命力，更为未来新年文创及纹样文创的设计思路提供了富有启发性的新方向。

本文的研究方法主要包括文献综述、实物分析与案例研究。首先，通过对相关历史文献的梳理，本文厘清了龙纹饰在不同时期的演变脉络。其次，借助对北京市文物交流中心龙纹饰藏品的细致观察与分析，本文提炼出了各时期龙纹饰的艺术特征。最后，结合实际文创产品设计案例，本文探讨了如何将传统龙纹饰元素与现代设计理念相融合，以实现文创产品的创新设计。

展望未来，笔者期望能够进一步深化对龙纹饰及其他传统纹样的研究，探索其在更多文创产品领域的应用潜力。同时，将以尊重传统文化为基础，大胆创新，以设计语言的现代化赋予传统纹样新的时代内涵，从而在全球化背景下更好地传承与弘扬中华优秀传统文化。

（作者单位：北京市文物交流中心）

参考文献

[1] 郑军、徐丽慧：《中国传统龙纹艺术》，北京：北京工艺美术出版社，2012年。

[2] 郑军：《中国历代龙纹纹饰艺术》，北京：人民美术出版社，2005年。

[3] 郭勇：《论龙图腾在现代设计中的应用》，《大众文艺》2010年第1期。

[4] 雪莲：《红山文化的"龙"与仰韶文化的"花"》，《赤峰学院学报（汉文哲学社会科学版）》2008年第3期。

[5] 王艳亮、李超：《龙文化的形成演变及其发展创新》，《濮阳职业技术学院学报》2017年第30卷第4期。

[6] 李利民：《现代图形设计的特点与发展趋势》，《温州大学学报》2004年第4期。

[7] 辛艺华：《图形设计中本土文化资源的现代性转换》，《武汉理工大学学报（社会科学版）》2009年第2期。